# 이야기 동양철학사

# 차례 Contents

들어가며

## 제1부 중국철학

# 들어가며

철학과 역사, 역사와 철학은 어떤 관계에 있을까? 이와 관련하여 헤겔은 "철학은 그 시대의 아들이다."라고 말한 바 있다. 갑자기 하늘에서 뚝 떨어지거나 땅에서 불쑥 솟아난 철학은 없다. 모든 철학은 철학자로부터 유래하는데, 어떤 철학자이건 그 시대, 그 나라, 그 역사의 한계를 벗어날 수 없으며, 그 철학자에 의해 생성된 철학 역시 이와 마찬가지다.

예컨대, 관중이나 상앙의 냉혹한 법가 사상은 중국의 여러 나라들이 서로의 이해 관계에 따라 수시로 합종연횡이 이루어졌던 전국 시대의 소용돌이 속에서만 이해될 수 있을 것이다. 한나라 무제가 동중서의 건의를 받아들여 유학을 국학으로 채택한 것 역시 시대적 필요에 의해서였다. 즉, 황제의 입장에서는 두터운 관료층을 이끌어갈 새로운 정치 이념이 필요했는데, 이때 군주를 최고 정점으로 한 가부장적 사회질서, 충효와 삼강오륜을 강조하는 유가 사상은 관료들의 질서를 잡고 황제의 권위를 세우는 데 매우 시의적절한 이데올로기였던 것이다.

죽림칠현으로 대표되는 위진(魏晉) 시대의 청담(淸談) 또한 역사적 배경을 떠나 생각할 수 없다. 조조(曹操)가 인재를 함부로 죽이고, 그의 뒤를 이어 등장한 조비(曹丕)나 사마 씨도 마찬가지였다. 자칫 바른말을 하면 목숨을 잃기 십상인 데다 소수 문벌 귀족들이 관직을 독점하고 있었기 때문에 지식인들은 자포자기의 심정으로 은둔생활을 지향할 수밖에 없었던 것이다.

불교가 대중에게 먹혀들 수 있었던 것 역시 인도의 상황과 관련이 있다. "누구든지 도를 깨달으면 부처가 될 수 있다."라는 구호는 당시에 매우 혁명적인 사상이었다. 이것이 '모든 사람은 평등하다.'라고 하는 관념을 대중에게 심어줌으로써 인도의 전통적 카스트 제도를 배척하는 형태로 나타났고, 평등주의는 특히 하층민에게 크게 환영을 받았던 것이다.

하나의 철학은 반드시 시대적 환경 속에서 배태(胚胎)된다. 시대는 철학을 낳고, 철학은 시대를 변화시키기 때문이다. 이

제 이와 같은 관점에서 그 시대의 가장 중요하고 주도적인 동양철학의 사상을 근본에서부터 살펴보고자 한다.

# 제1부

# 중국철학

# 군자인가 소인인가, 선진유학

## 군웅할거와 합종연횡

선진유학(先秦儒學)은 진(秦)나라 이전의 시대에 나타났던 유학자들의 사상을 말한다. 고대 중국에서는 기원전 1200년경에 황하 유역을 중심으로 주(周) 왕조가 건설되었다. 주 왕조는 왕과 제후, 경, 사대부, 서민층으로 이루어진 봉건제도로 나라를 다스렸다. 그런데 제후 세력이 점점 커짐에 따라 봉건제도 자체가 흔들렸고, 서북방으로부터 다른 민족의 침입이 잦아지자 주 왕조는 기원전 770년에 수도를 장안에서 낙양으로 옮기고 말았다.

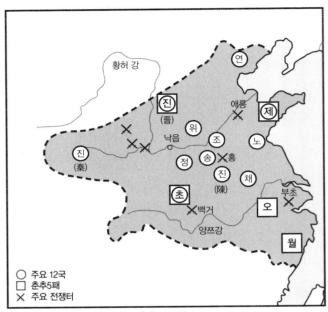

춘추 시대 영토

　그럼에도 제후 중 실력 있는 자가 왕을 옹호하며 그 권위를 배경으로 천하를 지배하려 하였는데, 이때부터 기원전 403년 까지의 약 3백 년 동안을 일컬어 춘추 시대(春秋時代)라고 부른다.

　춘추 시대 초기에는 100여 개 이상의 제후국들이 있었을 것으로 추정되는데, 모두 비좁은 황하 유역(중원 지역)에 밀집되어 더 이상 발전하지 못했다. 반면에 황하 유역에서 멀리 떨어진 제후국들은 주변의 넓은 황무지를 개간하고 이민족을 정복함으로써 힘을 비축할 수 있었다. 이리하여 춘추 시대가 끝나갈 무렵에는 7명의 제후[1]가 스스로 왕이라 부르며 서로 대립하였다. 이때 주나라 왕조는 낙양 부근만을 가진 작은 제후의 신세로 전락하고 말았다.

이후 진(秦)나라가 중국을 통일하는 기원전 221년까지를 전

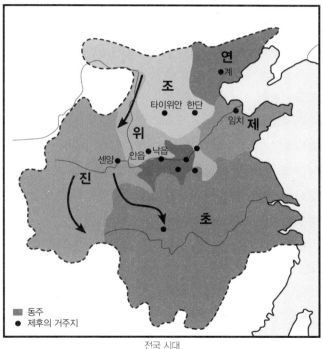

전국 시대

국 시대(戰國時代)라고 부르는데, 이때에는 가장 강한 나라인 진나라와 나머지 여섯 나라 사이에 세력다툼이 치열하였다. 명분과 의리보다는 나라의 이익과 부강을 최우선으로 고려했던 전국 시대는 그야말로 약육강식의 시대로, 그때그때의 이해관계에 따라 나라들 사이의 합종연횡(合從連橫)이 수시로 이루어졌다. 자국의 영토 확장을 위해 적국을 멸망시켜야 했기 때문에 대규모 전쟁이 자주 일어났고, 강한 군사력이 필요했다. 따라서 이를 효율적으로 관리할 국가 운영체계와 막대한 재정이 확보되어야만 했던 것이다.

재정 확보에 도움을 준 것은 철기로 제작된 농기구와 동물의 힘을 이용한 농사기술의 향상이었다. 이로 인하여 생산물이 급속히 증가하자 먹고 남은 생산물은 유통과정을 통해 소비로 연결되었고, 이 과정에서 수공업과 상업이 발달하였다. 그리고 교역량이 증가하자 직접적인 현물교환 대신에 화폐가 등장하였는데, 화폐의 가치를 나라가 보증해주지 않았기 때문에 화폐는 청동이나 철 등 가치 있는 재료로 제작되었다.

한편 철제무기 사용은 전쟁의 양태를 더욱 격렬하게 만들어 많은 사람들이 한꺼번에 죽는 대량살상의 시대가 되고 말았다. 이제 전쟁의 목적은 단순히 전리품을 빼앗고 적국을 조공국으로 삼는 데 그치는 것이 아니라, 상대 나라의 영토를 빼앗고 아예 적병을 없애버리는 잔인한 모습으로 바뀌었다. 또한 전쟁에서 승리한 제후국에서는 새로 차지한 영토를 강력히 지배하기 위해 군현제를 도입하였고, 중앙집권적 정치체제가 더욱 발전하게 되었다.

나아가 복잡한 국가조직을 운영하기 위해서는 일관되고 효율적인 사상이 필요하게 되었고, 이를 위해 제후들은 뛰어난 인재들을 뽑았다. 이에 호응한 사람들이 바로 제자백가들이며 그 대표 사상들이 유가, 법가, 묵가, 도가 등이다.

그렇다면 진나라는 어떻게 중국을 통일하였는가? 원래 서부 변방 지역에 자리하고 있었던 진나라는 비록 황무지이긴 해도 넓은 땅을 가졌던 까닭에 성장 가능성이 높았고, 기존 전통의 영향으로부터 많이 벗어나 있었기 때문에 새로운 개혁이 가능했다. 그리하여 진나라는 당시 널리 사용되었던 유가 사상 대신에 법가 사상을 채택하기에 이른다. 이를 통해 백성을 강력히 통제하고 국론을 통일하였으며, 토지와 조세제도를 개혁하여 생산을 장려하였고, 군현제를 도입해 강력한 중앙집권체제를 세워나감으로써 부국강병을 이루어나갔다. 이리하여 마침내 춘추전국 시대의 혼란에 종지부를 찍고 통일의 위업을 달성할 수 있었던 것이다(기원전 221년).

시황제는 제국을 통치하기 위하여 여러 분야에서 통일정책을 추진하였다. 지금까지 써왔던 문자를 금지시키고 새롭게 통일한 문자를 사용하도록 하는가 하면, 화폐와 도량형을 통일하

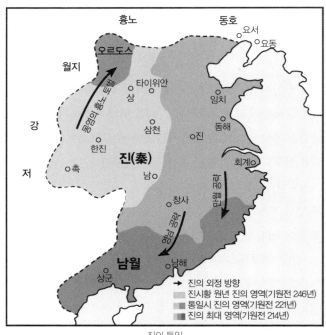

흉노　　　　　동호
　　　　　　　　　요서
　　　　　　　　　　　요동
오르도스
월지
　　　　　　타이위안
　　　　　상　　　　　　임치
　　　　　　　　　동해
강　　　　　삼천
　　　　　　　　진
저　　　한진　　　　진(秦)
　ㅇ촉　　　남　　　　　회계ㅇ
　　　　　　　창사
　　　　　　　　　　　　남월
　　　　남해
상군

→ 진의 외정 방향
　진시황 원년 진의 영역(기원전 246년)
　통일시 진의 영역(기원전 221년)
　진의 최대 영역(기원전 214년)

진의 통일

였으며, 사상마저 하나로 묶기 위해 분서갱유(焚書坑儒)를 단
행하였다. 그가 이처럼 무시무시한 사건을 벌인 까닭은 개혁정
책으로 인하여 자칫 불만을 품을 수도 있는 유가 세력의 비난
을 미리 차단하고 국론 분열을 막기 위해서였다. 이리하여 시황
제는 수 백 년 동안 분열되었던 중국을 하나로 통합하는 데 성
공하였으나, 너무 급진적인 정책에 대한 반발 때문에 곧 벽에

부딪히고 만다.

　무엇보다 만리장성, 아방궁, 여산능 등과 같은 대규모 건축 사업에 대한 부담을 고스란히 감당해야 했던 백성, 획일적인 군 현제 실시와 법가 사상에 의한 통치로 기득권을 잃어버린 제후 의 후예들이 정권으로부터 등을 돌렸다.

## 새로운 정치이념으로써의 유학

　기원전 210년, 시황제가 갑자기 죽고 그의 둘째 아들 호해가 황제의 자리를 이어받았는데, 바로 다음 해에 가난한 농부 출 신의 하급 장교 진승과 오광이 군중을 선동하여 반란을 일으켰 다. 전국에서 일어난 이 반란 가운데 가장 두각을 나타낸 사람 이 항우와 유방이었다. 유방은 진나라 군대를 물리치고 중원으 로 내달아 진나라 황제로부터 항복을 받아낸 다음, 수도인 함양 을 차지하고 온건한 정책으로 백성의 마음을 얻었다. 반면에 난 폭한 정치를 일삼은 항우는 백성으로부터 멀어졌고, 마침내 유 방이 항우를 제압하고 한나라를 건국함으로써 중국을 다시 한 번 통일하기에 이른다(기원전 202년).

　황제 자리에 오른 유방은 수도를 장안으로 정하고 군국제(郡 國制)를 통하여 나라를 다스렸다. 수도인 장안을 중심으로 하여 15개의 군은 황제가 직접 다스리고 나머지 지역은 제후들에게 나누어주어 각각 통치하도록 만든 것이다. 그러다가 7대 황제인 무제(武帝)에 이르러 황제의 통치권이 확고히 세워졌다. 그는 새로이 연호(年號)를 사용하였으며 제후세력을 완전히 제압하는 한편 중앙정부에서 선발한 관리를 각 지방으로 파견하여 중앙집권을 공고히 하였다.

또 무제는 동중서(董仲舒)의 건의를 받아들여 유학을 국학으로 채택하였는데, 여기에는 다음과 같은 이유가 있었다. 이 무렵 한나라는 사회적으로 안정되어 있을 뿐 아니라 경제 또한 발달하였다. 그러나 이로 인해 사치와 방종이 팽배해졌고 백성을 교화시킬 지도이념이 절실해졌다. 또 군현제 실시와 중앙관제 정비로 말미암아 두터운 관료층이 형성되자 이들을 이끌어갈 새로운 정치이념과 황제의 권위를 세울 수 있는 사상이 필요했다. 이런 점에서 군주를 최고 정점으로 한 가부장적 사회질서, 충효와 삼강오륜을 강조하는 유가 사상은 매우 시의적절한 이데올로기였다.

이리하여 무제는 유학 경전을 전국으로 가르치게 하였으며, 과거응시 과목으로 정하여 유학 사상을 백성의 삶 속에 깊숙이 스며들게 했다. 이 때문에 나라 전체가 유학으로 통일되었고 그 여파가 동아시아 여러 나라에까지 미치게 되었다.

무제는 대외적으로 팽창정책을 추구하였다. 그 결과, 흉노의 근거지까지 공격하여 남쪽으로는 오늘날의 베트남 북부, 동쪽으로는 고조선의 평양까지 정벌함으로써 대제국의 모습을 갖추었다. 또한 필요한 재정을 채우기 위해 소금과 철, 술에 대해 국가가 주도하는 전매제도를 시행하였고, 나라에서 직접 관리를 파견하여 물자를 조달하는 한편, 시장에까지 개입하는 정책을 썼다. 이러한 무제의 활약으로 한나라는 통일국가로서의 정치적 이상을 실현했다.

그러나 무제가 세상을 떠나자 그의 외척들이 나라를 어지럽게 하여 유방이 세운 한나라는 멸망하고, 신(新)이라는 새로운 왕조가 세워졌다. 그러나 신을 세운 왕망은 경제정책의 실패로 유수(劉秀)가 세운 후한(後漢)²⁾에 정권을 빼앗기게 된다.

광무제 유수는 전한 시대의 제도를 그대로 따랐다. 또 유학을 장려하여 태학이라는 교육기관을 세우고 오경박사(五經博士)³⁾를 두었다. 이에 따라 유학이 사회 지도이념으로 자리를 잡게 되었다. 한편 광무제는 백성의 경제 부담을 덜어주기 위해 전세(田稅)를 깎아주는 대신 경지면적과 호구를 철저히 조사하여 세금을 매기는 정책을 썼다. 대외적으로는 반초로 하여금 서역 정벌에 나서도록 하였으며, 반초는 30여 년 동안 서역에 머물면서 카스피 해 동쪽의 50여 개 나라를 후한에 복속시켰다. 이 와중에 흉노족은 완전히 멸망하고 대신 새로운 세력으로 선비족이 등장하였다.

춘추 시대와 전국 시대에는 비록 정치사회적으로 매우 혼란하였음에도 불구하고 문화와 사상은 최고의 전성기를 구가하였고, 수많은 철학자들이 등장하였다. 가장 먼저 인의도덕을 강조하고 나선 유가 사상가들을 만나보기로 하자.

## 공자, 지식과 덕을 갖춘 엘리트

공자(孔子)는 노(魯)나라의 평창향 추읍에서 태어났다. 그의 아버지 숙량흘(叔梁紇)은 키가 10척이나 되고 힘이 장사였는데, 그의 무용담 가운데에 노나라 군대가 성안에 포위되려는 찰나 닫히는 성문을 두 손으로 떠받쳤다는 이야기도 있다.

공자는 대사구(大司寇)라는 높은 벼슬까지 올랐으나, 왕족으로 권력을 휘두르던 정치세력으로부터 견제를 당하고 갈등을 빚다 벼슬을 떠나고 말았다. 그 후 14년 동안 여러 나라를 돌아다니며 유세하다가 마침내 고향에 돌아온 공자는 제자들을 가르치는 한편, 유가 경전을 정리하고 편찬하는 데 온 힘을 기울였다. 저서로는 『역경(易經)』과 『시경(詩經)』 『서경(書經)』 등 이른바 삼경이 있다.

세계 4대 성인 가운데 석가모니가 자비를, 예수가 사랑을, 소크라테스가 진리를 주창했다면, 공자는 인(仁)을 강조하였다. 인이야말로 공자철학의 가장 중요한 핵심이자 최고의 경지인 것이다. 물론 인에 대해서 한마디로 말하기 어렵지만, 여기에서는 세 가지 관점에서 파악하고자 한다.

첫째, 인이란 인간 중심의 사상이다. 즉, 인이란 모든 일의 주체인 인간으로 하여금 인간다운 인간이 되게 하려는 휴머니즘이다. 둘째, 인은 진실함과 성실성에 그 바탕을 두어야 한다. 셋째, 인의 경지는 끊임없는 자기노력에 의하여 달성된다.

공자가 이상으로 삼은 인간은 현세 도피적이거나 금욕주의적인 성인이 아니고, 세계와 사회 속으로 파고 들어가서 모든 일에 절도를 지킬 줄 아는 명석한 판단력의 소유자, 즉 군자(君子)였다. 공자는 지식과 덕을 갖춘 신진 엘리트가 현실정치에 참여함으로써 제후국의 정치를 내부로부터 개혁하고, 나라의 기초를 튼튼히 하며, 백성의 복리를 증진시켜 주기를 바랐던 것이다.

그러나 진정한 의미에서의 인이란 한 사람의 도덕적 완성만으로 이루어지는 것이 아니며 모든 인간의 인을 모아 커다란 인, 즉 대동인(大同仁)을 실현하는 데에서 달성된다. 여기에서 공자의 정치론이 나온다.

첫째, 통치자(君子)는 나라를 다스리기 전에 먼저 자기부터 다스릴 줄 알아야 한다. 자기 몸을 닦고 나서 가정을 다스리고, 가정을 다스리고 난 뒤에 나라를 다스리고, 그런 연후에야 비로소 천하를 평정할 수 있다(修身齊家治國平天下). 둘째, 통치자는 항상 백성의 마음을 얻어야 한다. 민심을 얻으면 나라를 얻고 민심을 잃으면 나라를 잃기 때문이다. 셋째, 임금과 신하, 윗사람과 아랫사람이 각각 자기의 맡은 바 책임을 다해야 한다. 임금은 임금답게, 신하는 신하답게, 아버지는 아버지답게, 아들은 아들답게 행동해야 한다(君君 臣臣 父父 子子). 넷째, 통치자는 덕이 가장 중요한 근본이요, 이에 비해 재물은 별반 중요하지 않다는 사실을 깨달아야 한다.

공자는 생전에 그리 편안한 삶을 살지 못했다. 그러나 세상을 떠난 후 성인으로 추앙되었고 그 명예는 2,000년이나 이어졌다. 그의 사원이 곳곳에 건립되었고 12세기 초에는 신으로까지 추대되었다. 단순한 인간이기를 원했으며 스스로 성인이 될 수 없다고 말했던 그가 결국 신격화되고 만 것이다.

물론 20세기에 들어와 유교 사상을 '봉건 사상의 찌꺼기'로 보는 시각도 있고, 아편전쟁 이후에는 '유교가 중화민족을 망쳤다.'라며 '공자의 교를 타도하자.'라는 외침도 있었다. 그럼에도 불구하고 그의 사상은 오랜 세월을 두고 중국뿐만 아니라 동양, 더 나아가 전 세계에 압도적인 영향을 끼치고 있다.


### 맹자, 인의에 바탕을 둔 왕도정치

춘추 시대나 전국 시대는 정치적으로 매우 혼란기였다. 그럼에도 제자백가라 부를 만큼 많은 사상가들이 나왔고, 유가 외에도 도가, 묵가, 법가, 병가 등이 있었으며, 또한 황당무계하고 괴기 대담한 학설도 여럿 나타났다. 이처럼 잡다한 학설에 대항하여 유가의 이름을 크게 떨친 인물이 바로 맹자(孟子)였다.

맹자는 산둥성 추현 지방 출생으로, 조숙했던 공자와는 달리 말썽꾸러기였다. 모방하려는 기질이 강하여 주변지역의 풍습을 곧잘 흉내 냈기 때문에 그의 어머니가 세 번이나 이사를 다니며 가르쳤다(孟母三遷之敎).

맹자는 공자의 손자기도 하고 또 증자(曾子)의 제자기도 한 자사(子思)에게 정통 유학을 배우고, 수많은 제자와 더불어 여러 나라를 두루 다니며 유가 이상을 달성하고자 하였다. 40세 무렵에 추(鄒)나라의 벼슬길에 올랐으나 혼란한 세상의 모습에 실망하여 물러나고 말았다. 담대한 기질의 소유자였던 그는 여러 왕들에게 이상 정치를 실시하도록 강력히 권하였다. 84세까지 제자들과 공부하였고, 자신의 이상을 전하기 위해『맹자』일곱 편을 썼다.

인간의 본성에 대해 맹자는 그것이 본래 착하다고 주장한다. 이 근거로 그는 인간에게 네 가지 착함이 있다고 말한다. "측은하게 여기는 마음은 어짊의 시작이요, 부끄러워하는 마음은 의로움의 시작이요, 사양하는 마음은 예절의 시작이요, 옳고 그름을 가리는 마음은 지혜의 시작이라."[4] 그러므로 누구든지 타고난 본성대로 행동만 하면 착해질 수 있다. 이러한 본성을 잘 보존하기 위해서는 인간의 후천적인 노력이 뒷받침되어야 하고, 바로 여기에서 교육의 필요성이 제기되는 것이다.

이렇게 함양된 개인의 도덕 가치를 국가사회에 실현하는 일은 매우 중요하다. 여기에서 왕도정치(王道政治)가 정치론의 핵심으로 떠오른다. 왕도정치는 먼저 공리주의(功利主義)를 물리친다. 또한 왕도정치는 백성의 먹고 사는 문제, 즉 민생문제를 해결해주어야 한다. 백성은 일정한 수입이 있어야 착한 성품을 보존할 수 있기 때문이다. 정치의 궁극적 목표는 인간의 도덕 가치를 충분히 발휘하도록 하는 데 있다. 그리하여 백성이 효성과 공경, 우애와 진실, 신의의 도덕을 닦게 하여 살고 죽는 일에 유감이 없도록 해야 한다. 이러한 면에서 맹자는 인의를 숭상하고 덕을 본위로 하는 왕도정치가 이익을 숭상하고 힘을 본위로 하는 패도정치(覇道政治)보다 더 낫다고 말한다. 그러므로 임금은 백성의 신뢰를 받는 현자 가운데서 선거에 의해서가 아니라 선양(禪讓)에 의하여 추대되어야 한다.

그런데 만일 군주가 중대한 잘못을 저지를 경우에는 어떻게 해야 할까? 그때에는 백성이 잘못을 지적할 수 있으며, 이에 귀를 기울이지 않을 때는 다른 군주를 모셔올 수도 있고 심지어 살해해도 좋다. 이처럼 과격한 주장 때문에 한때 맹자의 초상화와 글이 문묘(文廟)에서 제거된 일도 있었다.

## 순자, 의로움이냐 이익이냐?

맹자가 성선설에 입각한 덕치주의를 주장했다면, 순자(荀子)는 성악설에 근거하여 예치주의(禮治主義)를 주장하였다. 그는 전국 시대 조(趙)나라의 유학자로 진나라의 재상 이사(李斯)와 한비자(韓非子)는 그의 제자다.

순자에 의하면 사람은 타고날 때부터 그 본성이 악하다. 그러므로 마땅히 스승의 가르침으로 감화를 받고 예절의 도를 배워야 한다. 학문을 배우는 것 역시 선천적 본성이 착해서가 아니라, 후천적이고 인위적인 노력에 의한 것이다. 예의범절이라는 것도 높은 도덕성을 지닌 성인(聖人)이 만들어낸 것으로, 학문을 통하여 얻어진 결과다. 인간이 얼마나 후천적인 노력을 기울이느냐에 따라 성인과 도적, 군자와 소인으로 구별된다.

이렇게 본다면 맹자가 말하는 본성이 인간의 '이성'을 가리키는 데 반하여, 순자가 말하는 본성이란 인간의 '본능'과 '욕망'을 가리키는 것이 아닌가 생각된다. 그래서 맹자는 타고난 선의 본성(이성)을 잘 보존하기 위하여, 순자는 타고난 악의 본성(본능, 욕망)을 고치기 위하여 교육이 필요하다고 보았던 것이다.

공자와 마찬가지로 순자가 생각하는 이상적인 인간 역시 군자다. 군자는 도를 얻는 것을 즐거워하는 반면, 소인은 욕망을 얻는 것을 즐거워한다. 군자는 누구나 쉽게 사귈 수 있지만 아무 허물없이 친하기는 어렵고, 쉽게 두려워하나 위협하기는 어렵다. 군자는 의로운 죽음을 마다하지 않으며, 이익을 위해 그릇된 짓을 하지 않는다. 군자는 친하게 지내되 당파에 치우치지 않으며, 변론을 하되 꾸미는 말은 하지 않는다. 군자가 때를 만나 나라 일에 등용되면 공손하게 그 자리를 지키되, 출세의 때를 만나지 못하면 스스로 가다듬어 공경할 뿐 다른 사람이나 세상을 원망하지 않는다.

공자의 손자인 자사나 맹자 쪽에서는 하늘의 명령을 도덕의 최고원리로 삼았고, 노자(老子)와 장자(莊子) 쪽에서는 천인합일(天人合一)을 말하였으며, 묵자(墨子)나 음양학파에서는 하늘이 인간의 길흉화복을 이끌어간다고 주장하였다. 그러나 순자에게 하늘은 어디까지나 자연적인 것에 지나지 않았다. 그러므로 사람은 반드시 하늘을 정복해야 한다. 하늘은 오직 자기의 법칙에 따라 운행되므로, 그 법칙을 미리 알아서 우리의 삶에 유리하도록 이용해야 한다는 뜻이다. 이렇게 보자면 순자야말로 당시에 보기 드문 과학정신의 소유자였던 것이다.

# 자연인가 인위인가, 도가 사상

　도가(道家)와 도교(道敎)는 어떻게 다를까? 먼저 도가란 인간이 자연의 명령에 따르며 욕심 없이 깨끗하게 살아야 한다고 주장하는 노자와 장자의 사상을 가리킨다. 이에 비해 도교란, "모든 인간은 자연대로 그냥 놔둘 경우 반드시 죽기 때문에, 자연에 거슬려 우리의 운명을 개조해야 한다."라고 주장하는 일종의 종교적 입장을 말한다. 요컨대 도교는 불로장생의 신선(神仙)이 되는 것을 이상으로 삼으며, 이를 위해 그들은 약을 강요하기도 한다. 심지어 당나라 태종은 금단(金丹)을 잘못 먹어 죽기까지 하였다.

## 노자, 무위자연에 처하라!

노자라는 이름은 태어날 때 그의 머리칼이 눈처럼 희었기 때문에 지어졌다고 한다. 노자는 유가에서 내세운 명분주의와 인위적인 조작에 반대하고 무위자연(無爲自然)에 처할 것을 주장했다.

노자는 스스로 재능을 숨겨 이름이 드러나지 않도록 애썼다. 그러나 주나라가 망하는 것을 보고 그곳을 떠나기 위해 함곡관에 이르렀을 때, 국경을 수비하던 윤희라는 관리에게 붙들려 그가 권하는 대로 『도덕경(道德經)』을 완성하였다. 그는 160세 또는 200세를 살았다고도 전해지는데, 최후를 아는 사람은 아무도 없다.

과연 큰 도(大道)란 무엇인가? 그것은 무위자연의 도다. 도가 무너졌기 때문에 인의(仁義)가, 지혜(知慧)가 나오고 나서 거짓이 생겨났다. 집안이 불화할 때 효도(孝道)와 자애(慈愛)가, 나라가 혼란할 때 충신(忠臣)이 강조되었다. 이처럼 유가에서 강조하는 덕은 이미 그것이 사라지고 없음을 반증해주는 것이다. 그러므로 노자는 성스러움과 지혜, 인의를 오히려 끊어버릴 것을 요구한다.

여기에서 우리는 유가와 도가의 도가 서로 같지 않음에 유의할 필요가 있다. 유가에서 말하는 도란 인간의 윤리에 국한된 것이었다. 하지만, 노자가 말하는 도란 천지 만물, 모든 자연의 이법(理法)으로써 우주의 근본 원천을 의미한다. 결국 이 세상의 모든 존재는 도에서 생겨난다고 말할 수 있는데, 이 도는 어떠한 시간적·공간적 한계도 갖고 있지 않기 때문에 무극(無極)이며 무(無)다.

그렇다고 무가 전혀 쓸모없다는 뜻은 아니다. 도리어 노자는 무의 효용성을 다음과 같이 비유한다. "수레바퀴의 가운데가 비어 있기 때문에 우리가 수레를 사용할 수 있으며, 그릇의 빈 곳이 있기 때문에 그릇을 쓸 수 있으며, 문과 창문 역시 가운데가 비어 있기 때문에 우리가 이용할 수 있다."

이에서 보듯이 노자의 사상은 상식을 뛰어넘는다. 노자 윤리학의 특성은 첫째, 소박성에 있다. 인간의 재치라든가 작위성을 멀리하고 무욕에 처하도록 가르치고 있으며, 물질적 재화도 귀하게 여기지 않도록 당부한다. 둘째, 유연성이다. 부드러운 물이 견고한 바위를 뚫는 것처럼 부드러움은 딱딱함을 이길 수 있다. 셋째, 노자는 무위(無爲)의 실천을 말한다. 억지를 피하고 자연스럽게 행하라는 뜻이다.

무위자연의 사상은 정치에서도 고스란히 드러나 있다. 통치자의 경우, 다변(多辯)을 일삼아서는 안 된다. 마음을 비우고 스스로의 덕을 펴나가면 된다. 또한 현자를 특별히 대접하지 않고, 얻기 힘든 재물을 귀하게 여기지 않으며, 욕심낼 만한 것을 드러내지 않아야만 백성의 마음이 어지럽지 않다. 노자는 유가의 대통일 국가라고 하는 이상에 맞서, '작은 나라와 적은 백성(小國寡民)'이라는 이상사회를 제시했다.

## 장자, 속세를 초탈하다

노자와 함께 도가를 형성한 장자는 송나라의 몽현에서 출생하였다. 몽현은 호수와 숲이 많고 경치가 아름다우며 기후는 온화하였다. 이러한 환경은 속세를 초탈하여 유유자적하고자 했던 그의 기질, 천지와 일체가 되는 원리를 설파한 철학 그리고 시적이며 문학적인 작품을 쓰게 하는 데 큰 영향을 끼쳤을 것으로 짐작된다. 장자의 이름은 주(周)이며, 칠원성(漆園城)의 말단관직에 있었다.

노자와 장자를 묶어 우리는 흔히 노장 사상이라고 부른다. 하지만 이 두 사람 사이에도 차이는 있다. 노자는 정치와 사회의 현실에 어느 정도 관심이 있었지만, 장자는 개인의 안심입명(安心立命)에만 몰두하였다. 노자가 혼란한 세상을 구하기 위하여 무위자연할 것을 가르쳤던 반면, 장자는 속세를 초탈하여 유유자적하고자 하였다. 노자의 『도덕경』이 깊은 사색을 요구하는 철학적 작품인 데 비하여, 장자의 『남화경(南華經)』은 읽는 사람으로 하여금 도취의 망아(忘我) 상태로 빠져들게 하는 문학

작품이다.

장자에 의하면, 우리 눈앞에 펼쳐져 있는 삼라만상은 모두 도의 나타남과 다르지 않다. 만물은 도에서 생겨나고, 다시 도로 돌아간다. 그러므로 진정으로 도를 깨닫는 사람은 삶을 기뻐하거나 죽음을 싫어하지 않으며, 작은 것을 탓하거나 성공을 과시하지도 않고, 억지로 일을 꾸미지도 않는다.

장자는 "하늘과 땅 사이에 있는 모든 사물이 서로 얽히고 뭉쳐서 하나의 전체를 이루고 있다."라고 말한다. 이것이 만물일체론(萬物一體論)이다. 가령 한쪽의 완성은 다른 쪽의 파멸을 뜻하므로, 전체 질서에는 변함이 없다는 뜻이다. 장자가 죽을 무렵, 그의 제자들은 스승의 장례 문제에 대해 머리를 맞대고 상의하고 있었다. 그러자 장자는 "나는 천지(天地)를 관으로 삼고, 해와 달을 벗으로 삼으며, 별들을 보석으로 삼고, 만물을 휴대품으로 삼으니 모든 장구는 갖추어진 셈이다. 여기에 무엇을 더 좋게 하겠느냐?"라고 하였다. 이에 제자들이 "관이 없으면 까마귀나 독수리 떼들이 뜯을까 걱정됩니다."라고 하자, 장자는 "한 데(노천, 露天)에 버리는 것은 까마귀나 독수리 떼가 뜯어먹도록 주는 것이며, 땅에다 묻는 것은 개미 떼나 땅강아지가 먹도록 내어주는 것이니 이 둘이 무엇이 다르겠느냐? 이것은 마치 이쪽에서 식량을 빼앗아 저쪽에 보내는 것이나 마찬가지가 아니냐?"라고 하였다.

장자의 윤리에 대해 알아보면 첫째, 유가의 인위적인 도덕을 비판한다. 둘째, 생명존중의 윤리를 주장한다. 중국 은나라 때의 처사(處士) 백이(伯夷)는 대의명분과 명예를 위해 수양산에서 굶어 죽었고, 춘추 시대의 큰 도둑 도척(盜跖)은 자신의 이익과 욕망을 좇아 살다가 동릉산 위에서 처형당했다. 이 두 사람이 죽은 원인은 다르지만, 목숨을 해치고 타고난 본성을 상하게 한 점에서는 같다. 그러므로 어찌 백이만 옳고 도척을 잘못했다고 할 수 있겠는가? 셋째, 장자는 본성에 따라 사는 분수의 윤리를 주장한다. "물오리는 비록 다리가 짧지만 그것을 이어주면 도리어 괴로워하고, 학의 다리는 길지만 그것을 잘라주면 오히려 슬퍼한다."[5]

위대한 사상가들의 경우 혼란한 세상을 바로잡아보자는 생각에는 차이가 없었다. 다만 방법이 서로 달랐을 뿐이다. 공자와 묵자는 직접 사회개혁에 뛰어들어 대를 쪼개듯이 문제를 해결하려 하였고, 노자와 장자는 문제가 자연적으로 치유되기를 바랐다. 그러나 두 사람 사이에도 조금 차이가 있는데, 가령 노자가 자연의 원리와 함께 응용하는 방법을 가르쳐 주었다면, 장자는 인간이 천지(대자연)와 한몸이 되는 원리를 설파하였다.

## 빈 마음으로 돌아가라, 청담 사상

청담이란 속세를 떠난 맑고 깨끗한 담화와 의논이라는 뜻이다. 위진 시대에는 노장 사상을 숭상하지만 공리(空理)만을 일삼는 기풍이 있었다. 당시의 지식인들은 청담 속에 파묻혀 위나라 명제 원년(227년)부터 진나라가 수나라에 의해 나라가 망할 때(589년)까지 지루하게 청담만을 고집하였다.

여기에서 청담 사상이 나오게 된 중국의 역사적 배경을 살펴보자. 앞에서 말한 바와 마찬가지로 기원전 221년 진나라가 천하를 통일한 후 시황제는 폐습이 많았던 봉건제도를 개혁하고 중앙집권적인 군현제도를 수립하였으며, 제각각이었던 화폐를 통일하였다. 그는 법치주의와 사상통일정책을 쓰면서 반정부사상을 탄압하기 위하여 분서갱유를 단행하였는데, 이러한 강압정책은 백성에게 큰 거부감을 안겨 주었다. 마침내 항우가 함양에 침입함으로써 진나라는 멸망하였으며(기원전 206년), 다시 항우의 세력을 타도하고 통일국가를 수립한 이가 바로 유방, 즉 한나라의 고조다(기원전 202년).

한나라는 무제 때에 최고의 융성기를 맞이하였으나 재정 적자를 메우기 위한 무거운 세금과 왕의 외가친척들에 의한 전횡으로 사회는 혼란스러웠다. 지방 호족은 자신들이 소유한 토지를 바탕으로 군주와 다름없는 영향력을 휘두르며 중앙정부의

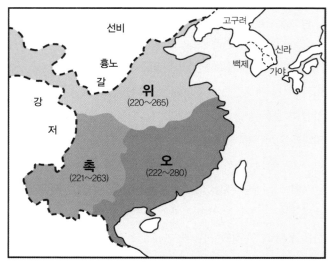

중국의 삼국 시대

정책과는 반대로 행동하기 시작했다. 더욱이 전한이 멸망하고 후한 시대에 이르러서는 어린 황제들이 자주 즉위하였는데, 이 때문에 황실의 외척들이 정권을 잡게 되었다. 그리고 황제는 외척세력을 극복하기 위해 환관들을 이용하였는데, 나중에는 외척과 환관 사이에 정권쟁탈전이 끊이지 않았다.

이처럼 혼란한 세태 속에서 가렴주구(苛斂誅求)를 일삼는 지방 호족들의 학정에 농민은 몰락하거나 도적이 될 수밖에 없었다. 불만에 가득 찬 농민은 당시 유행하던 태평도와 오두미도(五斗米道)에 깊이 빠져들었고, 이를 중심으로 세력을 형성하기 시작했다.

이러한 상황 속에서 '황건적의 난'이 일어나자 정부는 지방 호족들에게 군사권을 허락하여 이들을 진압하게 하였다. 그러나 호족들은 난이 평정된 후에도 군대를 해산하지 않고 서로 힘겨루기를 시작했다. 이 가운데 두각을 나타낸 나라가 위, 촉, 오였으며, 결국 후한은 위나라 왕에게 황제의 자리를 넘겨줌으로써 196년의 역사를 마감하였다.

삼국 시대는 소설 『삼국지』의 시대적 배경이기도 하다. 위나라의 조조는 후한의 마지막 황제인 헌제를 옹립하여 실질적으로 후한을 지배했다. 그러던 중 조조가 사망하자 그의 아들 조비는 헌제를 폐위시키고 스스로 황제의 자리에 올랐다. 이리하여 위나라의 조비, 촉나라의 유비, 오나라의 손권이 서로 쟁투하며 부국강병을 위해 노력했다.

마침내 263년 위나라가 촉나라를 무너뜨리면서 삼국 시대는 위나라 중심으로 전개되기 시작했다. 그러나 위나라에서는 사마염이 황제의 자리를 빼앗는 한편, 나라 이름을 진(晉)으로 바꾸고 만다. 사마염은 오나라까지 병합하여 중국을 잠시나마 통일하게 된다(280년).

사마 씨 일파는 정권을 강화하기 위해 지방 호족들이 가진 군사를 해체하였는데, 직업을 잃은 일부 군졸들이 북방 지역으로 넘어가 정치, 군사의 고문이 됨으로써 세력을 확대해나간다.

드디어 흉노가 만리장성을 넘어 진나라로 침입하자 진은 수도를 난징으로 옮겨 그 명맥을 유지하였는데, 이 시기를 동진(東晉) 시대라 일컬으며 이전을 서진(西晉) 시대라 부른다.

삼국을 통일한 위나라의 사마염이 서진(西晉)을 건설한 이후 흉노에 밀려 남동쪽으로 도망가자 화북지역은 여러 북방 유목민족들이 들어와 나라를 세우고 경쟁을 벌이기 시작했다. 일이 이렇게 되자 겨우 한 왕조의 명맥을 유지한 강남지역의 동진은 화북지역의 북방유목민들과 경쟁하기에 이른다. 그 결과 화북을 지배하게 된 북위와 남쪽의 송(宋)나라가 건설됨으로써 이제 중국은 양쯔강 이북의 북위와 이남의 송이 대립하는 이른바 남북조 시대로 들어가는 것이다.

당시 화북과 강남지방에 세워진 왕조는 모두 16개였다. 그래서 이때를 5호(호는 이민족을 뜻함) 16국 시대(304~439년)라고 한다. 이때에 고구려에 불교를 전해준 전진(前秦)이 한때 화북을 통일하기도 했다. 그러다 결국 선비족이 세운 북위(北魏)가 화북지역을 통일하였고, 남쪽에서는 한 왕조가 송(宋), 제, 양, 진(陳)으로 교체되었다. 결국 남북조 시대는 양견이 수나라를 건설하여 중국을 다시 통일(589년)함으로써 막을 내린다.

이러한 역사적 배경에서 보건대, 중국은 위진 시대에 이르러 선비의 기풍이 파괴되었다. 특히 조조는 인재를 남용하고 나서 시기하였는데, 가령 공륭이나 양수 같은 사람은 발탁되고 나서

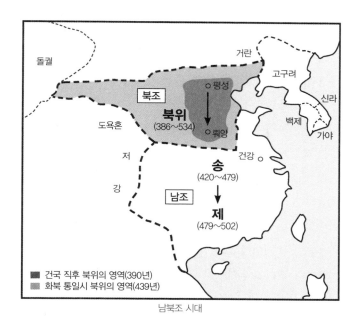

돌궐

거란

고구려

북조

북위
(386~534)

○평성

신라

도욕혼

○뤄양

백제

가야

저

건강 ○

송
(420~479)

강

남조

제
(479~502)

■ 건국 직후 북위의 영역(390년)
■ 화북 통일시 북위의 영역(439년)

남북조 시대

죽임을 당했다. 조조의 뒤를 이은 조비나 사마 씨도 마찬가지였다. 이러한 상황에서 정신사적인 역류현상이 일어났으니, 이것이 바로 위진 시대의 청담인 것이다.

위진 남북조 시대의 민중은 북방 유목민의 남침과 끊임없는 전쟁, 그로 인한 사회 혼란으로 힘든 나날을 보내고 있었다. 이러한 그들에게 마음의 안정을 가져다줄 사상이 필요했다. 바로 이때 서역을 통해 불교, 조로아스터교가 들어왔고, 도교 역시 종교로서의 위상을 확립하기 시작했다. 이 시대의 혼란은 소수 문벌 귀족들이 관직을 독점함에 따라 지식인들에게까지 자포자기 심정을 가져다주었다. 그들은 입신양명의 꿈을 버리고 은둔생활을 지향하였으며, 술과 시, 노래를 벗 삼아 기이하고 충동적인 행동으로 현실세계를 조롱하였다. 이러한 성향으로 지식인들은 무위자연을 주장하는 노장 사상과 은둔생활을 주장하는 불교의 선종에 깊이 빠져들었다. 이 가운데 모든 욕망을 버린 채 노장을 이야기하며 명예와 이익을 도외시하며 현실을 초월하는 세계관이 나타나게 되었으니 이것이 바로 청담 사상이다.

청담의 두 거인인 하안(何晏)과 왕필(王弼)은 유독 노장을 좋아하였다. 위나라의 학자인 왕필은 10세 무렵부터 노자를 연구하였으며, 어린 나이에도 불구하고 당시 노자연구의 권위자인 하안과 청담을 나누곤 하였다. 그리고 마침내 문장의 훈고(訓詁)에만 그쳤던 과거의 노자 주해서에 매 구절마다 배경과 이유를 설명한 독특한 노자 주해서를 편찬했다.

왕필은 "천지가 비록 크긴 하나 무로써 그 중심을 삼는다.[6] 무는 우주의 본체요 천지의 중심인 이상 자연이야말로 온 우주의 최고원칙이다. 그러므로 세상의 모든 일은 이 원칙에 따라야 하고, 정치도 예외가 될 수 없다. 그리하여 먼저 군주는 사악한 마음을 없애고 육신의 욕심을 버려 모든 것을 자연에 맡기는 빈 마음으로 돌아가야 한다."라고 하였다. 그의 정치론 역시 여기에 기초한다.

이렇듯 왕필이 노자 사상을 새롭게 해석함으로써 황로정치(黃老政治, 무위자연의 도를 실천하는 정치)에 대한 사상적 기초가 수립될 수 있었다. 그러므로 왕필의 사상은 한나라 400년 동안에 있었던 황로정치의 결정체이자 이론적 기초라고 할 수 있다.

## 대나무 숲에서 세월을 보낸 일곱 현자, 죽림칠현

진(晉)나라 때에 대나무 숲에서 놀며 청담으로 세월을 보냈던 사람들이 있다. 이들은 대개 술을 좋아하고, 음악을 즐겼으며, 노장의 허무를 숭상하는 대신 유교의 예절을 멀리하였다. 이들을 일컬어 죽림칠현(竹林七賢)이라 하는데, 구체적으로 이름을 들어보면 완적(阮籍)과 혜강(嵇康), 왕융, 향수, 완함, 유영(劉伶), 산도 등의 일곱 사람이다.

이들 가운데 완적과 혜강은 당대의 명인이었음에도 불구하고 정치를 피하기 위해 죽림 속에 누워 술로 근심을 풀었다. 완적은 어려서부터 독서를 즐기고 자연을 좋아하였으며, 어떤 때는 자기 집 뒤뜰의 죽림 속에서 거문고를 타고 노느라 잠자고 밥 먹는 것조차 잊어버렸다고 한다. 혜강은 죽림칠현과 교제하며 술을 마시고 청담을 나누는가 하면, 종종 산으로 올라가서 약초를 캐고 단약을 먹으며 수명을 늘리는 일에 힘썼다. 그는 또 문학을 잘하고 회화에도 능하였으며 특히 거문고를 좋아하였다.

유영 같은 사람은 술만 취하면 알몸이 되었는데, 사람들이 비웃으면 조금도 개의치 않고 오히려 "나는 천지로써 방을 삼고, 방으로써 내의(속옷)를 삼는데, 당신들은 어찌 내 내의 속에 들어와 큰소리를 치는 거요?"라며 나무랐다.

죽림칠현에 이어 나타난 동진 시대의 팔달파(八達派)는 더욱 방탕한 행위를 하였다. 예컨대 광일이란 사람은 옷을 모두 벗어 던진 채 개집으로 들어가 개처럼 크게 소리를 질렀고, 사곤이란 사람은 이웃집 여자를 희롱하다가 그 여자에게 몽둥이로 두들겨 맞아 이까지 부러졌다고 한다. 그런가 하면 필탁이란 자는 이부랑의 벼슬에 있으면서도 술에 취한 채 남의 집에 들어가 몰래 술을 훔쳐 먹다가 붙들리기도 하였다.

이처럼 조정이나 재야를 막론하고 모두 청담만을 일삼고 나랏일을 보는 데 주의를 기울이지 않자, '영가(永嘉)의 난'이 일어나고 말았다. 그리하여, 당시 하안과 왕필을 숭배하던 왕연은 석인(石靭)에게 죽임을 당하였고, 그제야 "만일 우리가 허무를 숭상하지 않았다면, 이처럼 비참한 말로에 놓이지는 않았을 것이다."라고 후회하였다.

## 신선이 되고자 하는 염원, 도교

청담 사상가들이 도가 사상을 이야기할 때, 지방에 있던 민간의 선비들은 신비스러운 교의를 퍼뜨려 도교가 형성되는 데 중요한 발판을 마련하였다. 그들은 애매모호한 민간신앙을 가지고 도가의 영역에 종교적 색채를 보탬으로써 도가와 도교의 경계선마저 흐릿하게 만들었다. 즉, 그들은 노자를 교주로 모시고 『도덕경』을 경전으로 삼았던 것이다.

그들 가운데에는 도사를 비롯한 점쟁이, 의사 또는 향으로 귀신을 부르거나 부적으로 귀신을 쫓아내는 자, 정좌(靜坐)하여 양생(養生)하는 자, 점성술사, 풍수를 관측하는 자 등이 두루 속해 있었는데, 이들의 사회적 지위는 잘해야 중류 아니면 하류에 속했다.

후한 말기의 도사인 장도릉(張道陵)은 한나라 순제 때의 사람으로 본명은 장릉(張陵)이며, 오늘날 안미현 숙현 서북쪽 출신이다. 일찍이 불로장생의 법술을 배워 24편의 저서를 남겼는데, 스스로 노자의 계시를 받아 쓴 것이라 주장하여 백성의 지지를 얻어냈다. 처음에 입교하는 자는 무조건 다섯 말의 쌀을 바쳐야 했으므로 이들의 신앙을 두고 '오두미도'라 일컫기도 한다.

도교는 초창기에 하층민들 사이에서 널리 성행하다 남북조의 구겸지(寇謙之)에 이르러 비로소 사이비 종교단체라는 오명에서 벗어날 수 있었다. 또한 이때에야 도원(道院, 도교의 교리를 신자들에게 교육하기 위해 세운 건물)과 신상(神像, 숭배하는 신의 모습을 나타낸 조각 또는 주물)이 처음 만들어져 종교로서의 체제를 갖추었으며 중상층의 믿음까지 얻을 수 있었고, 한때는 도교가 국교로까지 발전하였다. 그러나 구겸지 등은 도교의 조직과 외적인 의식에만 몰두하였을 뿐, 핵심이 되는 종교 이론을 확립하지는 못했다.

결국 도교의 이론적 기초는 위백양의 『참동계』와 갈홍의 『포박자(抱朴子)』가 세상에 나온 이후에야 마련될 수 있었다. 갈홍(葛洪)은 『사기』에 등장하는 고사를 인용했다. 고사는 다음과 같다.

어떤 사람이 어렸을 때 아무 생각 없이 거북을 책상 속에 넣어두고 그 사실을 잊어버렸다. 그런데 그 사람이 늙어 죽을 즈음에 집사람들이 우연히 거북을 발견하였다. 그때까지 거북은 먹지도 마시지도 않고 살았던 것이다. 이로 보아 이 거북은 틀림없이 장생불사의 방법을 터득하고 있으며, 그러므로 만물의 영장인 인간도 그것을 배우기만 하면 얼마든지 가능하지 않겠느냐는 것이다.

그러나 포박자가 현실과 동떨어진 허황된 이론에만 매달린 것은 아니었다. 미신을 타파하기 위하여 기(氣)를 모아 끌어들이는 일과 연금설(鍊金說)을 제시하기도 하였고, 선인(仙人)은 반드시 착한 일을 행해야만 한다고 주장하여 윤리적인 면도 강조하였다.

위백양은 동한(東漢)의 환제 때 사람으로 추측될 뿐 자세한 내용은 거의 알려진 것이 없다. 그가 지은 『참동계』에는 신선이 되기 위한 수양과 연단활동에 대해 설명하고 있다. 또한 그것은 중국에서 전통으로 내려오는 모든 음양 팔괘(八卦)와 오행간지(五行干支)의 원리를 결합하여 새로운 계통을 세웠다.

팔괘는 음양의 변화와 우주의 상호관계를 나타내는 부호며, 오행이란 금목수화토의 형이하학적인 물질로써 우주 사이의 다섯 가지 상생상극(相生相剋)하는 힘을 대표한다. 위백양은 이 둘을 결합하여 인간이 연단 수양하는 도리를 설명하고자 하였다. 말하자면, 팔괘의 원리를 인간의 신체 구조와 기능에 비유하고, 오행의 작용으로 움직임을 설명하였던 것이다.

# 정통인가 비정통인가, 제자철학

## 묵자, 무기를 감축하라

묵가의 시조인 묵자는 노나라 사람으로, 성은 묵(墨)이고 이름은 적(翟)이다. 묵이라는 성을 갖게 된 것은 죄인의 얼굴에 먹물로 문신을 만들었기 때문이라는 설과 피부가 대단히 검었기 때문이라는 설이 있다.

묵자 사상의 핵심은 겸애(兼愛)에 있다. 겸애란 자신을 사랑하듯이 타인을 사랑하고, 자신의 어버이를 사랑하는 것처럼 타인의 어버이도 사랑하여 자타 사이에 조금의 차별도 두지 않는 것을 말한다.

묵자는 전쟁을 반대했는데, 그 배경으로 하늘의 뜻을 들고 있다. 하늘은 천하의 사람들을 차별 없이 널리 사랑하고, 만물을 타고난 성품대로 자라게 하여 사람에게 이로움을 주고자 한다. 그러므로 하늘의 뜻을 살펴야 하는 통치자들은 마땅히 나라를 부유하게 만들고 인구를 늘어나게 하는 데에 온 정성을 기울여야 한다. 이런 점에서 보자면 전쟁이야말로 하늘의 뜻에 위배되며, 하늘이 바라지 않는 바다. 그러므로 전쟁은 어떻게 해서든 회피되어야만 하는 것이다. 이러한 통찰에 따라 묵자는 군축론(軍縮論)까지 주장했다.

또한 묵자는 절용설을 주장했다. 모든 면에서 아끼고 절약해야 한다는 뜻이다. 이를 위해 그는 장례절차를 간소화하고 상례 역시 오래 끌지 않도록 제도를 바꿀 것을 주장하였으며, 음악도 절제할 것을 강조하였다. 옷이란 추위와 더위를 피할 수 있으면 되고, 음식은 체력을 유지할 수 있으면 되며, 가옥은 비바람을 막을 수 있으면 충분하다. 실제로 묵자는 가난하고 비천한 가정에서 태어나 평생 동안 금욕주의 생활을 하였다.

물론 묵자의 주장은 당시의 사회현실과 잘 맞지 않아 하나의 이상으로 끝나고 말았다. 그럼에도 유가나 도가와 더불어 중국 3대 사상의 하나로 꾸준히 영향력을 행사해왔다.

## 양주, 쾌락인가 금욕인가?

양자(楊子, 楊朱)는 전국 시대 위(衛)나라 사람으로서 지금의 산서성에 해당하는 차오 제후국에서 태어났으며, 자는 자거(子居)다. 전하는 바에 의하면, 그는 매우 다정다감하여 이웃사람이 거리에서 양을 잡는 모습을 보고 하루 종일 우울하게 지냈다고 한다.

양자는 무엇보다 생명을 귀하게 여겼다. 그러므로 쓸데없이 세상일에 휘말려 헛되이 죽는 일을 끔찍이 싫어했다. 또한 생명을 보존하는 일이 지상 최대의 과제라면 시대 환경에 따라, 혹은 상황에 따라 스스로를 맞추어나가는 일이 필요하다 여겼다.

『열자』를 보면, "양자는 자신을 위하기 때문에, 머리털 하나를 뽑아서 천하를 이롭게 한다 하더라도 결코 그 일을 하지 않는다."라고 쓰여 있다. 이 조항을 두고 학설이 분분하다. 첫째, 한 터럭을 뽑아 봐야 도저히 천하를 구제할 수 없다는 것이 양자의 생각이었다. 둘째, 양자는 비록 한 터럭일지언정 작은 것을 소홀히 하면 몸 전체를 소홀히 하는 것과 같다고 생각했다. 셋째, 양자는 세상을 구한다고 소리치고 다니는 사람들이 오히려 세상을 시끄럽게 만든다고 보았다. 그러나 책 자체가 위조되었다는 주장도 있는 만큼 이에 대한 세심한 주의가 요구된다. 어쨌든 그 내용을 더 들여다보면 저급하고 속되기 짝이 없다.

"우리는 왜 인생의 시기를 놓치지 말고 즐겨야 하는가? 그것은 인생이 너무나 짧기 때문이다. 누구든지 한번은 죽어야 한다. 그리고 죽고 나면 모두 똑같아진다. 그러므로 우리는 살아 있을 때 최대한 즐거움을 찾아야 한다. 세상의 아름다운 풍경, 미색(美色)을 모두 구경하며 인생의 쾌락을 즐겨야 한다. 정욕도 최대한 즐겨야 한다. 술도 죽도록 마셔야 한다."

물론 이러한 내용이 진정한 양자의 사상과는 거리가 멀다는 주장도 있다.

유가는 인의도덕으로 세상을 구한다는 이상을 제시하였고, 묵가는 구체적으로 사회문제를 해결하는 방법을 제시하였다. 그러나 양자는 세상으로부터 아예 문제가 일어나지 않기를 바라는 소극적인 자세에 머물렀다. 그럼에도 그의 태도는 염세주의에 빠져 있던 당시의 사람들에게 도리어 하나의 청량제가 되었으며, 수많은 은자들이 그의 사상을 따르고자 하였다.


**명가, 말장난인가 진리인가?**

명가(名家)는 흔히 궤변론자라 불리는 사람들이다. 명가라는 말 자체가 본래 "이름과 실제가 일치해야 한다."라는 그들의 주장에서 나온 것이지만, 실제로는 허무맹랑한 궤변으로 흐르고 말았다.

혜시(惠施)는 장자와 같은 시대의 사람으로서 송나라 출신이다. 양나라의 혜왕과 양왕 밑에서 재상을 지냈다고 하며, 박학다식하여 그 저작이 다섯 수레에 찰 정도였다고 한다. 장자와는 매우 절친한 사이였으나 서로의 사상이 달라 논쟁이 그치지 않았다. 그러나 혜시가 죽은 후 장자는 그 무덤 앞을 지나면서 "나는 변론의 상대를 잃어 버렸도다!"라며 탄식했다고 한다.

혜시는 공간상의 차별을 없애고자 하였다. 공간에 대해 우리가 겉으로만 본다면 크고 작음, 높고 낮음, 멀고 가까움, 안과 밖, 엷고 두터움 등의 차별이 분명히 있다. 그러나 본질을 들여다보면 모두 똑같다. 예컨대 아주 큰 것은 밖이 없고 아주 작은 것은 안이 없으니, 비록 크고 작음의 차이가 있다 할지라도 무궁하다는 점에서는 똑같다. 또 하늘과 땅, 산과 연못은 맨땅 위에서 바라보면 엄청난 차이가 나는 것 같지만, 몇천 리나 되는 높은 공중에서 바라보면 똑같은 평면일 뿐이다. 그리고 아무리 엷은 것일지라도 분명 하나의 면이 있고 그것을 무한히 작은 것으로 쪼갤 수 있기 때문에, 그 길이를 이어놓는다면 천리(千里)와 같을 것이다. 말하자면, 두껍다거나 엷다거나 하는 공간적인 차별은 없다는 뜻이다.

혜시는 시간적인 차별도 없애고자 하였다. 가령 오늘 내가 월나라로 떠났을지라도 거기에 도착한 후에는 내가 떠나던 그 날(오늘)은 이미 옛날 일이 되고 만다. 오늘(1일)의 시점에서 보면 내일(2일)은 장차 다가올 미래의 일이지만, 시간이 흘러 모레(3일)의 시점에서 보았을 때 내일(2일)은 이미 지나간 과거(2일, 어제)가 된다.

혜시가 다름(異) 속에서 같음(同)을 찾은 데 대하여 공손룡(公孫龍)은 같음 속에서 다름을 구하였다. 공손룡이 국경을 통과할 때였다. 수비대가 "말은 통행이 금지되어 있습니다."라고 하자 "나의 말은 희다. 그리고 흰 말은 말이 아니다."라고 대답하고는 그대로 국경을 넘어갔다.

이것이 백마비마론(白馬非馬論)이다. 그렇다면 왜 백마는 말이 아닌가? 말(馬)은 형체(모양)를 가리키는 것이고, 희다(白)는 빛깔(색)을 가리킨다. 백마(白馬)라고 하는 것은 어떤 모양 위에 색깔을 덧칠한 것이므로 원래의 모양인 말(馬)과는 다르다는 것이다.

이처럼 명가들은 말장난 같은 변론술에 몰두함으로써 진실한 학술적 가치에 소홀한 것이 사실이다. 그러나 그들의 논리 속에는 사람을 속이기 위한 것만 있는 것은 아니고, 때로는 일리 있는 부분도 있다고 여겨진다.


## 법가, 정의인가 독재인가?

춘추전국 시대의 정치·사회 혼란을 바로잡기 위해서 유가는 인의도덕을, 도가는 무위자연을, 묵가는 겸애절용을 제창하였으나 세상은 혼란스러웠다. 여기에서 실제 나라를 통치하는 면에 주목하여 철학을 펴고자 한 학파가 있었으니, 그것이 바로 법가(法家)다.

관중(管仲)은 공자보다 1백여 년 정도 앞선 춘추 시대 사람으로 제나라 영상 출신이다. 어려서부터 어려운 환경 속에서 자랐고, 반평생을 좌절 속에서 보냈다. 만일 그가 관포지교(管鮑之交)로 널리 알려진 친구 포숙을 만나지 못했더라면 벼슬이나 공로는 말할 것도 없고, 생활 자체마저 버티지 못했을 것이다.

그러나 관중은 큰일에 대해서는 날카로운 통찰력과 함께 깊은 책략을 지니고 있었다. 결국 포숙의 도움으로 관중은 재상이 되었고 이후 40여 년 동안 환공을 극진히 도왔다. 관중의 보좌 덕택에 환공은 제나라 군주가 된 지 7년 만에 이름뿐인 주나라 왕실을 대신하여 중국의 모든 제후들을 실질적으로 통솔하는 자리에 오르게 된 것이다.

관중은 나라의 전매사업인 어업과 염업을 통하여 제나라에 큰 이익을 주었고, 그 이익으로 부국강병을 꾀하였을 뿐 아니라, 환공의 위엄을 높이 세우고자 하였다. 당시의 중국은 주나라가 수도를 낙양으로 옮긴 후에 점점 쇠퇴함으로써 암흑과 같은 혼란기에 놓여 있었다. 그러나 관중의 정치 역량에 힘입어 민족끼리의 전쟁이 그치고, 오히려 서로 힘을 합쳐 야만족의 침입을 공동으로 막아내기에 이르렀다. 하지만 관중이 죽자 환공은 급속히 총기를 잃었고, 제나라의 국력도 순식간에 무너지기 시작했다. 그리고 환공은 관중이 죽은 지 2년 만에 세상을 떠나고 말았다.

관중의 사상에 입각하여 준법정신을 강조한 상앙(商鞅)은 법가의 계통을 잇는 전국 시대의 정치가다. 본래의 이름이 공손앙이었던 상앙은 위나라 왕과 그의 첩 사이에서 태어났다. 그가 나중에 진(秦)나라에 등용되어 상(商)이라는 곳에 봉해졌기 때문에 상앙이라 불리게 되었다.

당시 진나라는 국력을 잃은 채 오랑캐를 포함한 이웃나라로부터 배척을 당하는 어려운 처지에 놓였다. 이에 진나라 왕 효공은 과거의 위대했던 전성시대를 다시 실현하기 위하여 널리 인재를 구하고 있었다. 바로 이때 공손앙이 좌서장(左庶長)으로 등용되어 법률 및 제도에 대한 개정 법안을 만든 다음 정치개혁에 착수하였다. 이때 법의 내용은 엄벌주의와 연좌제(連坐制), 밀고(密告)의 장려, 신상필벌(信賞必罰) 등 법률 지상주의였다. 모든 사항을 법으로 세밀하게 규정하여 백성의 일거수일투족에 이르기까지 법률의 적용을 받게 하였던 것이다.

새로운 법령이 시행된 지 10년이 지나자 진나라는 점점 질서가 잡혀갔다. 그러나 2차 개혁에서는 부자(父子)와 형제가 한 방에서 기거하는 것마저 금하였으니,[7] 이것은 인간성에 도전하는 잔인하고 악독한 법이 아닐 수 없었다. 그리하여 상앙이 재상으로 있는 지 10여 년 동안 그를 원망하는 사람은 늘어만 갔다. 결국 우여곡절 끝에 상앙은 '두 대의 우마차에 나누어 묶어 놓고 각각 반대방향으로 몰아 몸을 찢어 죽이는', 차열(車裂)이라는 무시무시한 형벌로 처형당하고 말았다.

한편 진나라는 상앙이 쌓아올린 부국강병의 기반 위에서 더욱 강성해졌다. 상앙은 비록 비참하게 죽었으나, 그가 새롭게 제정한 법과 제도는 결국 진나라의 시황제로 하여금 중국 역사상 최초로 통일국가를 세우게 한 힘의 원천이 되었다.

전국 시대 말기의 법치주의자인 한비는 한나라 명문귀족의 후예로 태어났는데, 그의 본래 이름은 전해지지 않는다. 그냥 한자(韓子)라고 불리다가 당나라의 한유(韓愈)와 구별하기 위하여, 한비자(韓非子)로 불리게 되었다. 그는 비록 귀족 가문에서 태어났지만, 날 때부터 말을 더듬어 주위 사람들과 어울리지 못하고 외롭게 성장했다. 그의 문장 속에서 느껴지는 울분이나 냉혹한 법가 사상은 이러한 영향 때문일 것이다.

당시 한나라는 진나라에게 많은 땅을 빼앗기고 멸망의 위기에 놓여 있었다. 이에 한비는 임금에게 나라를 잘 다스릴 방법에 대해 건의하였다. 그러나 임금은 그의 충정에도 불구하고 아무런 대답이 없었다. 성격이 괴팍한 한비는 화가 치밀어 올랐다. 그리하여 글로써 자신의 울분을 풀겠다는 마음에서 『고분

(孤憤)』『세란(說難)』[8] 등 10만여 자나 되는 책을 썼는데, 이것이 바로 『한비자』다.

여기에서 그는 군주에게 아뢰는 요령에 대해 말하고 있다. 상대편 군주의 긍지심을 만족시켜주되 수치심을 건드리지 말 것, 군주의 단점을 추궁하지 말 것, 그에게 항거하여 분노케 하지 말 것을 충고한다. 다만 오랜 시일이 지나서 임금과 정이 두터워지면 깊이 자기의 뜻을 추진해도 의심받지 않을 것이며, 임금에게 간언하더라도 죄를 입지 않고 오히려 자기의 몸을 비단으로 장식할 것이라고 주장한다. 그러나 한비는 동문수학한 이사에게 모함을 받아 죽임을 당했다. 그 후 이사 역시 조고(趙高)의 참소로 처형당하고 말았다.

법가 사상은 한비에 와서 완성되었는데, 그는 법가의 논법으로 유가 사상을 받아들였다. 스승인 순자가 성악설에 기초하여 "예절로써 욕망을 절제시켜야 한다."라고 주장한 것과 같은 맥락으로 제자인 한비는 "사람의 본성 속에서 사특하고 이기적인 면을 발견하여 법으로써 다스려야 한다."라고 하였다.


## 신유가, 유가의 전통을 잇다

분서갱유의 대재난을 겪으면서 진나라의 철학 사상은 오랫동안 동면기에 들어갔다. 진나라가 멸망한 다음에도 지식인들은 초나라와 한나라의 전쟁으로 인하여 마음 놓고 학문에 정진할 수가 없었다. 더구나 초나라 패왕 항우의 횃불로 말미암아 진나라의 국립도서관마저 불에 타 없어진 상태였다.

그 후 유방이 천하를 통일함으로써 정치는 어느 정도 안정되었지만, 유방 역시 한갓 군인에 불과했다. 또 문제(文帝) 때에는 임금과 신하 모두 황로 사상에 취해 있었다. 특별히 황후인 두(竇) 씨가 특별히 황로를 사랑하였는데, 이로 인하여 유학의 권위는 땅에 떨어지고, 유학자들은 철저히 무시당했다.

이러한 상황이 이어지던 가운데, 상업이 발달하고 논밭이 확장되어 인구가 늘어나자 이제 소극적인 황로정치로는 도저히 현실에 적응할 수 없게 되었다. 이 무렵 등장한 무제는 '임금에게도 직언할 수 있는 선비를 추천하라.'라고 명령을 내렸는데, 이때 나타난 대유학자가 바로 동중서(董仲舒)다.

동중서는 지금의 하북성 지역인 광천현 출신으로 한나라 고조 말년에 태어났다. 그는 연구하는 3년 동안 한 번도 서재 밖으로 나온 적이 없었기 때문에, 그의 문하생들 가운데에는 스승의 얼굴을 보지 못한 사람이 많았다고 한다.

동중서는 재상으로서 왕도정치의 이상에 따라 나라를 다스리는 한편 새로운 사상 연구에도 몰두하였다. 그는 특히 남몰래 『재이기(災異記)』라는 책을 썼다. 이것은 요동고묘와 장릉원전이 불에 타버린 데 대하여 그 의의를 해석한 것이다.

『재이기』는 불에 타 없어졌기 때문에 우리가 그 내용을 알 수는 없다. 그러나 동중서가 이 일로 사형선고까지 받은 것을 보면 평범하게 재이를 논한 것만은 아니고 어쩌면 조정에 대한 강력한 비판을 담고 있는 것이 아닌가 여겨진다. 즉 '하늘은 사람의 일을 꿰뚫고 있기 때문에, 재앙은 우연히 내려지는 것이 아니다. 군주가 교만하고 음탕한 것이 곧 재난의 원인이 아니겠는가?'라는 내용이 들어 있을 수 있다. 만일 그것이 사실이라면 그런 것들이 자칫 조정정치에 대한 비판으로 해석될 여지가 있었을 것이다.

그 후로 조정에서는 나라에 큰일이 닥칠 때에 그에게 사람을 보내어 가르침을 받아오곤 하였는데, 그때마다 동중서는 새롭거나 이상야릇한 것을 내세우지 않고, 오로지 유학 경전에 바탕을 둔 충언을 해주었다. 그리하여 동중서는 나중에 유교가 중국의 국교로까지 자리 잡게 된 바탕을 마련했다고 평가되고 있다.

유가는 공자 이후 두 개의 지류가 있었으니, 하나는 맹자의 흐름이었고 다른 하나는 순자의 흐름이었다. 그런데 맹자가 죽은 후 그의 제자들이 스승처럼 탁월하지 못했기 때문에 그들보다 순자의 학파가 앞서게 되었다. 가령 한비와 이사는 당대의 명인으로서 순자의 학문을 크게 유행시켰다. 그러나 순자의 제자들은 예법만을 중시하고 유학의 정신에 대해서는 소홀히 하였으므로, 이에 동중서는 천하의 유학을 통일함으로써 유가의 전통을 이은 것이다.

동중서 때 잠깐 타올랐던 유학의 불길은 점점 사그라져 불교가 성행하기 시작했고, 세월이 흘러 불교는 중국 당나라 때에 이르러 최고봉에 도달하였다. 이때에는 군주를 비롯하여 문인, 백성 할 것 없이 모두가 이에 도취하여 집집마다 불교를 믿고 방마다 향을 피우다시피 하였다. 이로 인하여 현실의 삶을 헤쳐 나갈만한 개인의 의지가 매우 약해졌을 뿐 아니라, 사회에 활기를 불어넣을 힘도 점점 사라져갔다.

이에 '불교의 폐단을 줄이고 유학을 부흥시키는 것이 급선무'라고 주장한 사람이 바로 수나라 하분(河汾)의 대유학자 왕통(王通)이었다. 그는 유가 경전을 흉내 내어 새로운 책을 썼으며, 공자의 위대한 업적을 이어받고자 하였다. 그러나 왕통은 34세라는 젊은 나이에 요절하고 말았다. 그로부터 불기 시작한 유학 부흥의 불꽃은 1백 년 후 당나라 유학자 한유(韓愈, 당송팔대가) 대에 이르러 불교배척과 유학기풍의 진작운동으로 활활 타올랐다.

한유는 하남의 남양 사람으로 당나라 때에 태어났다. 고독하고 곤궁한 생활 가운데서도 공부를 게을리 하지 않아 진사시험에 합격하였고, 이어서 감찰어사로까지 승진하였다. 그러나 옳고 그름을 가차 없이 비판함으로써 덕종의 노여움을 사고 말았다. 또 헌종이 봉상(鳳翔) 법문사에 있는 석가모니의 손가락뼈 한 조각을 영접해 궁 안으로 들여와 제사 지내는 모습을 보고 그 일을 비판했다. 이 일 때문에 한유는 또 한 번 고난을 받게 된다.

이런 가운데에도 한유가 일생동안 고군분투하여 밀고나간 것은 배불(排佛) 운동이었다. 불교에서 말하는 명심견성(明心見性, 마음을 깨끗이 하여 사물의 본성을 알아차리는 일)이나 도교에서 주장하는 허무청정(虛無淸淨, 마음을 비워 깨끗이 하는 일)의 경지가 자아의 해탈(解脫)에만 집착하는 것이라면 인륜사회에는 전혀 도움을 주지 못할 것이라고 한유는 주장한다. 이에 비하여 유가에서 말하는 수양에는 인간의 본능적인 욕망을 억제하고 내적인 자아를 단련시킴과 동시에 다른 사람들을 돕고 세상을 깨끗게 하는 힘이 있다고 말한다.

한유의 외로운 외침은 불교 사상이 풍미하던 당시에 큰 반응을 일으켰다. 그리하여 유가 사상은 수백 년 동안의 잠에서 깨어나 새로운 도약을 준비할 수 있었던 것이다.

한유가 불교의 폐단을 막을 수 있었던 데에는 그것을 대신할 만한 유가 사상을 들고 나왔기 때문이기도 하지만, 그에게 이고(李翺)라는 좋은 제자가 있었다는 점도 크게 작용했다. 이고는 불교 사상의 핵심을 받아들이되, 유가의 이론으로 무장하여 불교에 대항하고자 하였다.

한유와 이고는 수나라와 당나라에 유행했던 불교에서 유교로 사상으로 방향을 틀 수 있는 두 개의 커다란 이정표가 되었다. 두 사람으로 말미암아 송나라의 명나라 때의 이학이 활짝 꽃을 피울 수 있었던 것이다.

　어떻든 신유가에 대해 요약하면 세 가지 사상적 원천이 있다. 첫째는 유가 그 자체고, 둘째는 불가, 셋째는 선을 매개로 한 도가다. 그러나 사실 세 가지 요소는 서로 그 맥이 다를 뿐만 아니라 심지어 서로 모순되는 점도 많다. 이에 따라 이들이 동질적인 체계를 이루어 하나가 되는 데에는 그만큼 오랜 시간이 걸렸고, 바로 이것이 송나라 시대의 이학이 등장하는 계기가 되었다.

# 중국 불교와 중국 안의 불교

인도에서 처음 생겨난 불교가 중국에 전파되었다는 사실은 중국 역사상 획기적인 사건 가운데 하나였다. 비록 다른 나라에서 발생하긴 했으나, 불교는 중국에 들어와 중국문화의 일익을 담당하여 철학, 문학, 예술, 종교 등 각 분야에 걸쳐 독특한 영향력을 발휘하였다.

중국에서 불교가 일어나기 시작한 것은 인도의 석가모니가 도를 깨달아 부처가 된 지 거의 6세기가 흐른 후인 1세기 무렵이 아니었을까 짐작된다. 문헌에 의하면, 2~3세기에 이르러 중국 불교는 음양가의 비밀적인 수법이나 도가와 크게 차이가 없는 신비한 종교로 간주되었던 것 같다. 그리하여 어떤 사람들은 노자가 인도로 가서 석가모니와 인도 사람들을 가르쳤으며, 그 제자가 29명이나 되었다는 이야기를 꾸며내기도 하였다.

어떻든 우리는 여기에서 '중국 불교'와 '중국 안의 불교'라는 용어를 구분할 필요가 있다. 예컨대, 인도에서 불법을 연구하고 돌아온 현장이 소개한 불교 종파를 '중국 안의 불교'라고 부른다면, 이미 중국에 들어와 중국의 철학적 전통과 함께 발전한 불교를 '중국 불교'라 부를 수 있을 것이다.

불교는 한나라 명제(明帝) 때 이미 중국에 소개되었다. 그러나 당시는 나라가 강하고 부유했기 때문에 사람들이 종교의 필요성을 느끼지 못했다. 그러다가 위진 시대에 이르러 불교는 정치사회의 혼란을 타고 비로소 널리 전파되었다.


## 불도징, 심장을 물에 씻다

당시 불교 사상의 전파자는 절간 안에 조용히 머물며 연구에 몰두하던 불학자들이었다. 그들은 자기 한 몸의 안락을 포기하고 고통에 허덕이는 중생을 위해 구세(救世)의 횃불을 높이 치켜들었다. 그리고 그들 가운데 최초로 불법을 일으켜 조정과 재야에 두루 이름을 떨쳤던 인물이 바로 구자국(오늘날의 신강성 고차현) 사람 불도징(佛圖澄)이었다.

불도징이 70세 때, 중국이 전쟁과 난리로 피폐해지고 백성은 생업에 매달릴 수 없다는 소문을 듣게 되었다. 그는 곧 제자들과 함께 중국에 부처의 복음을 전하기로 결심하였다. 310년 중국의 낙양에 도착한 그는 곧 백마사에 자리를 잡았다. 때는 마침 흉노족 유요가 석륵에게 명령하여 남쪽을 공격하려던 찰나였다. 불도징은 잔인하고 난폭한 성격의 석륵을 설득하러 가기 전에 불교 신도인 곽흑략의 막사를 찾았다. 때마침 병사들이 하천에서 물놀이를 하고 있었다. 불도징은 대뜸 강의 하류에 주저앉아 옷을 벗어 제쳤다. 그러자 그의 오른쪽 가슴으로부터 네 치쯤 아래에 배꼽만 한 작은 구멍이 나타났다. 그는 이 구멍을 가볍게 잡아당긴 다음 심장과 간, 쓸개를 하나씩 끄집어내어 강물에 깨끗이 씻기 시작했다.

이 소식을 전해 들은 곽흑략이 불도징을 불러 기적을 한 가지 더 보여 달라고 요구하였다. 이에 불도징은 차 항아리 속에 물을 가득히 붓고 향과 초에 불을 붙인 다음 몇 마디 주문을 외었다. 그러자 돌연 차 항아리 속에서 한 떨기 푸른 연꽃이 피어올랐다. 이 순간 석륵은 무릎을 꿇고 그를 국사(國師)로 모시게 되었다.

불도징은 국사가 된 후 시시때때로 석륵을 감화시켜 그로 하여금 다시는 죄 없는 목숨을 죽이지 못하도록 하였다. 그러나 후일 석륵은 반란을 일으켜 전조(前趙)나라를 멸망시키고 스스로 황제가 되었다. 그가 죽고 난 후 아들 석호가 왕위를 물려받았는데, 그 역시 불도징을 높은 예의로써 모셨다.

그렇다면 불도징이 사람들 앞에서 간혹 기적 같은 일을 보인 까닭은 무엇일까? 당시 권력을 쥔 만주인들은 군사적인 힘에 의지하고 있었기 때문에 이들에게 오랜 시간 동안 지루한 불법을 강의한다는 것은 무리였다. 그들에게 감동을 주기 위해서는 당장 눈앞에서 어떤 신통력을 보여주어야 했다. 그리하여 불도징은 법술의 신통력으로 그들 위에 군림할 수 있었으며, 이를 바탕으로 800여 개의 사찰(절)을 건립하고, 수많은 신도들을 받아들여 불교 전파의 기초를 튼튼히 닦았던 것이다.

그는 한 권의 불교 경전도 번역하지 않았고 불교학문에 관한 한 편의 논문도 쓰지 않았지만, 깊고 오묘한 원리를 제자들에게 전해주었다. 또한 그에게는 도안(道安)과 혜원(慧遠)이라는 뛰어난 후계자가 있었다.

도안이 12세 되던 해에 조정은 전국에서 영재들을 선발하여 승려로 키우려 했고, 도안은 여기에 뽑혀 불교에 입문하였다. 그런데 그의 못생긴 얼굴을 본 스승은 그를 무시하였고, 공부할 시간도 주지 않은 채 날마다 밭일만 시켰다. 그러나 도안은 이에 낙심하지 않고 열심히 일을 하는 한편, 꾸준히 불교 경전들을 읽어나갔다. 그리하여 3년 후에는 적지 않은 경서를 혼자 힘으로 읽어내기에 이르렀는데, 그제야 비로소 스승은 그의 재능을 인정하였다.

도안의 일생 가운데 가장 빛나는 업적은 바로 불교 경전에 주해(주석과 해석)를 단 일이었다. 지금까지의 경서들은 간단하게 번역되어 그 뜻을 이해하기가 어려웠기 때문에 일반인이 쉽게 다가갈 수 없었다. 평소 이러한 폐단을 잘 알고 있던 도안은 되도록 쉬운 문구로 풀어 해석하였다. 그리하여 마침내 불경을 해석하는 데 있어서 중국의 1인자가 되었고, 중국과 인도의 사상을 융합한 최초의 선구자가 되었다.

수많은 불교신자들은 손에 염주를 세며 '나무아미타불'을 왼다. 그런데 민가에 가장 보편적으로 유행하는 정토종(淨土宗)의 신도들은 '누구든지 정성을 들여 끊임없이 부처의 이름을 부르면 마음이 모여서 극락의 정토 세계에 들어설 수 있다.'라고 믿는다. 그런데 이 염불의 방법은 백련사 염불회의 창시자인 혜원에 의해 처음 만들어졌다.

그는 풍경이 아름다운 여산을 택하여 동산(東山) 위에 동림사를 건축하였다. 그리고는 절 안에 특별히 한 칸의 방을 마련하여 염불을 할 수 있도록 배려하였다. 그는 제자들에게 직접 염불을 지도하였을 뿐만 아니라, 이름난 학자 123인을 소집하여 백련사를 조직하였다. 그런다음 그들을 전적으로 염불에 종사하게 하니, 이로써 불교 역사상 최초로 염불 운동이 창시된 것이다.

## 구마라습, 오만한 자의 무릎을 꿇리다

구마라습(鳩摩羅什)의 아버지 구마라염은 본래 인도 재상의 아들이었다. 법규대로 하자면 아버지의 직위를 이어받아야했지만, 구마라염은 아버지의 허락을 받아 구자국 왕의 여동생을 아내로 맞이하였고, 이 두 사람 사이에서 나습 형제가 태어났다.

그런데 어느 날, 나습의 어머니는 세월의 무상함을 느껴 고민하다가 결국 출가를 결심한다. 이때 7세였던 나습은 출가하는 어머니를 따라 집을 나섰으니, 이로부터 두 모자는 구자를 떠나 주변의 작은 나라들을 떠돌아다녔다.

나습이 가장 먼저 읽은 책은 『아비담경』이었다. 전하는 말에 의하면 그는 매일 3만 2,000자씩 외우기 시작하여 어렸을 때 이미 400만 자를 암기했다고 한다.

그런데 당시 온숙국에 괴론사라고 하는 사람이 "누구든지 나와 변론하여 이기는 자가 있으면, 나는 즉시 머리통을 쪼개어 사죄하겠노라."라고 큰소리를 쳤다. 이에 나습은 그와 변론을 한 끝에 그를 굴복시키고 말았다. 이러한 소문이 순식간에 퍼졌으니, 이때 나습의 나이 겨우 20세였다.

우여곡절 끝에 나습은 후진의 왕 요흥에 의해 국사로 모셔졌다. 나습은 800여 명의 협력자에 힘입어 많은 경전을 번역하였을 뿐 아니라, 이미 번역된 경전의 잘못된 부분까지 바로 잡았다. 나습이 불경의 원본을 들고 유창한 중국어로 불러주면 중국의 승려가 이를 받아 적는 방식으로 작업은 진행되었다. 나습은 장안에서 300여 권의 불교 경전을 번역하였는데, 이는 중국 역사상 당나라 시대의 현장을 제외하고는 가장 많이 이루어진 번역작업이었다. 또한 그 문장은 대단히 화려하여 중국문학사상 하나의 독특한 문체를 형성하였다.

나습은 58세에 장안에 들어와서 약 35부, 300권의 중경(重經)을 번역하였으며, 그 제자는 3,000명이나 되었다. 또한 제자 중에는 관내사성(關內四聖)이라 불리는 승조, 승예, 도생, 도융이 있었다. 어떻든 그는 인도 사상을 체계적으로 중국에 소개한 최초의 인물이었고, 대승 종파의 경전을 가장 먼저 소개하기도 했다.

인도 사상을 중국에 직접 소개한 것이 나습의 업적이었다면, 불교학문을 빌어 노장 사상을 발휘한 사람은 승조(僧肇)와 도생(道生)이었다. 모두가 경전을 번역하는 데 몰두하고 있을 무렵, 승조는 홀연히 망언(忘言)[9]을 부르짖었고, 모두가 열심히 수도에 전념하고 있을 때 갑자기 돈오(頓悟)[10]를 외쳤다.

보통 점오성불론(漸悟成佛論)에 따르면, 주어진 단계마다 학습과 실천을 점진적으로 꾸준히 쌓아 가야만 비로소 부처의 경지에 도달할 수 있다. 그러나 학습과 실천이라고 하는 '준비작업'만으로 성불에 이를 수는 없다고 하는 것이 이른바 도생의 '돈오성불론(頓悟成佛論)'이다. 도생에 의하면, 성불이란 멀리 떨어져 있는 두 바위 사이를 뛰어넘는 것처럼 순간적으로 일어나야 한다. 두 바위 사이에는 중간 단계가 전혀 없기 때문에 그것을 한꺼번에 뛰어넘지 못하면 절벽 아래로 곤두박질칠 뿐이다.

## 현장, 『서유기』에 등장한 삼장법사

중국을 통일한 수나라에게 위협적인 존재는 고구려와 돌궐이었다. 고구려는 동아시아의 패권을 장악하려는 수와 대립하여 독립적인 세력을 형성하였고, 흉노계 족속인 돌궐은 몽골을 중심으로 세력을 확장하여 수나라의 북서쪽을 위협하고 있었다. 드디어 수나라의 문제는 20만 대군으로, 양제는 100만 대군으로 고구려 원정에 나섰으나 패퇴하고 말았다. 그리고 문제 때부터 이어진 대운하 건설 사업은 대원정의 실패와 더불어 민생을 파탄에 이르게 한 원인이 되었다.

양제의 실정이 거듭되자 각지에서 민란이 일어나 급기야 양제는 부하에게 살해당하고 손자인 유(侑)가 즉위한다. 그러나 기울어진 나라의 운명을 되돌리지 못한 채 수나라의 역사는 마감되기에 이른다.

120여 차례나 일어난 반란 속에서 혼란을 진정시키고 중국

고구려 원정 실패(611~614)

돌궐

고구려

요서

황허

평양

신라

수

백제

장두

양쯔 강

항저우

→ 고구려 원정로

수나라의 고구려 원정

을 다시 통일한 사람이 수나라의 지방장관이었던 이연(李淵)이다. 이연은 당을 건국(618년)한 후 중앙집권체제를 수립하고 민생안정을 이루어나갔다. 여기에서 살펴보고자 하는 현장(玄奘)은 성장기 때 바로 이 혼란의 시대를 맞이했던 것 같다.

인도로부터 중국에 들어온 불교 사상은 위진 시대를 거쳐 수당 시대에 이르러 전성기를 구가하였다. 그에 따라 여러 가지 종파가 생겨났는데, 가장 유력했던 종파는 법상종, 화엄종, 천태종 등 불학의 정통교파다. 현장은 바로 법상종의 창시자로서 『서유기』를 통하여 널리 알려진 인물이다.

현장의 성은 진(陣) 씨다. 그는 지금의 중국 하남 낙양 현인 하남언사 사람으로 수 문제 시대 때에 태어났다. 집안은 대대로 내려오는 선비집안이었다. 현장이 10세 되던 해에 부친이 죽자 그는 둘째 형 장첩법사를 따라 낙양의 정토사로 옮겨 살게 되었다. 이때부터 그는 불교의 영향을 받기 시작하였고, 몇 년이 지나자 사미승(沙彌僧)이 되어 불법을 넓히는 데 힘을 쏟았다. 그러나 지식욕이 왕성한 현장은 중국 안을 돌아다니는 동안 불경이 턱없이 부족하고 사상적 계통 역시 서 있지 않음을 뼈저리게 느꼈다. 이에 그는 인도에까지 직접 가서 불법을 알아보기로 결심한다.

현장은 인도를 가는 도중 서역의 여러 작은 나라에 한동안 머물렀다. 그 가운데서도 고창국에 머물며 경전을 강의하였는데, 1년여 후인 630년 겨울에야 비로소 인도에 첫발을 내디뎠다. 그는 먼저 여러 곳의 성지를 참배하고 마지막으로 석가가 수도하던 곳에 이르렀다. 이 성스러운 곳에 90일 동안 머물다가 10일째 되는 날 비로소 목적지인 난타사로 향했다.

현장은 이곳에서 최고의 대우를 받으며 계현법사에게서 유가론(瑜伽論＝요가론)을 배웠다. 그런 다음 인도의 모든 지역을 돌아다니며 명승지를 찾았다. 그리고 5년 후에 다시 난타사로 돌아와 불학을 강의하기 시작하였다. 그의 이름은 인도 전체에 알려졌고, 이름난 승려들이 앞다투어 찾아와 그와 변론을 벌였다. 그러나 모두들 그의 언변과 학문에 감탄을 금치 못하였다.

현장은 이어서 곧 귀국 준비를 서둘렀다. 그러나 돌아오는 길에도 여러 나라에 들러 불법을 전하였기 때문에 그가 중국을 떠난 지 16년 만에야 겨우 돌아올 수 있었다. 당나라 태종은 현장의 귀국 소식을 듣고 너무 기뻐서 길에 인접한 작은 나라들에 명을 내려 그를 호송하도록 하였다.

장안에 도착한 현장은 18만 자에 달하는 『대당서역기(大唐西域記)』를 쓰는 한편, 본격적으로 불경을 번역하는 일에 착수하였다. 그는 지치고 병든 몸을 의연히 이끌면서 『반야경』을 완전히 번역하였고, 계속하여 『대보적경』을 번역하려 하였다. 그러나 몇 줄 번역하지 못한 채 영영 다시 일어나지 못하고 말았으니 그의 나이 66세 때였다.

현장은 불경을 번역하는 일 외에 외교에서도 커다란 공을 세웠다. 그의 뛰어난 변론과 해박한 지식은 인도 전역을 흔들어놓았다. 계일왕은 그의 불법강의를 들은 후부터 사신을 장안으로 보내어 조공을 바칠 정도였다. 이것은 중국과 인도 간에 이루어진 외교의 시작으로, 일개 유학생으로서 이러한 성과를 올린 경우는 동서고금을 막론하고 그 예를 찾아보기 힘들 것이다.

나아가 그의 여행견문기인 『대당서역기』는 인도, 네팔, 파키스탄, 방글라데시 등지의 고대 역사와 지리, 고고학을 연구하는 데 귀중한 자료가 되었다. 또한 그의 업적이 탁월하였기 때문에 민간에는 그에 관한 고사가 널리 퍼졌는데, 예컨대 명나라 때 오승은이 쓴 『서유기』 같은 소설은 그의 고사를 발전시킨 작품이다.

중국 불학의 발전에서 경전 번역은 현장이, 이론 전개는 천태종과 화엄종이 주축을 이루었다. 여기에서 천태종 사상의 완성자는 지의(智顗)고, 화엄종 사상의 완성자는 법장(法藏)이다.

지의는 진(陳) 씨 성으로 양나라 무제 때에 태어났다. 그의 눈은 동자가 2개여서 집안사람들은 모두 제왕의 모습이라 하였고, 장래에 반드시 위인이 될 것이라 믿었다. 그는 실제로 위대한 경지에 이르렀는데, 그의 성공은 세속적인 공로에서보다는 불법을 빛낸 데서 찾아야 할 것이다.

지의는 천태산 위에서 꼭 10년을 정거(靜居)하였는데, 이 기간에 그의 사상적 체계가 이루어졌다. 나중에 이것이 발전하여 하나의 종파가 형성되었는데, 그 이론이 모두 천태산(天台山)에서 깨달은 것들이기 때문에 천태종이라고 부른다. 또한 지의 자신은 수나라 양제인 양광 때에 보살계를 수계하고 그로부터 지자(智者)라는 호를 부여받았기 때문에 지자대사로 불리기도 한다.

법장은 강(康) 씨 성이며 그의 조상은 지금의 서역에 해당하는 강거(康居) 사람으로 할아버지 때에 이르러서야 중국에 귀화하였다. 그는 중국 장안에서 태어났으며, 이미 20세를 전후하여 현장의 불경번역 사업에 참가하였다. 그러나 이때 자신의 독창적인 견해에 입각하여 현장이 주장하는 법상종에 불만을 표시하고 분연히 번역장을 뛰쳐나와 버렸다. 국제적인 불학의 권위자인 현장에게 사상적으로 반기를 든 것이다. 그 후 법장은 지엄을 스승으로 삼아 그로부터 화엄경 사상을 물려받았다.

이때의 정치 상황을 설명하면 다음과 같다. 당나라는 관료를 등용하기 위해 수나라가 채택한 과거제도를 시행했다. 이는 문벌귀족이 독점한 권력을 분산시키고 그들을 견제하기 위한 것이었다. 그러나 이 제도가 제대로 효과를 발휘한 때는 측천무후(則天武后) 시절이었다. 이때 문벌귀족들은 대거 정계에서 밀려났고, 그 후 과거 출신자들의 관료 등용이 급속히 늘어나 황제의 권력을 강화하는 데 큰 역할을 했던 것이다.

한번은 법장이 측천무후를 위해 화엄경을 풀이해주었다. 그녀는 당나라 고종이 사망하자 권력을 장악한 다음, 자신의 아들과 남동생을 차례로 즉위시킨 뒤 폐위하고 스스로 황제의 자리에 올랐던 여걸이다. 그리고 자신의 집권을 부처의 가르침으로 합리화하기 위하여 관제사찰을 건립하였었다. 그런데 법장이 화엄경을 강론할 때, 황후는 그 뜻을 잘 모르는 것 같았다. 이에 법장은 궁궐 문 앞의 금사자를 가리키며 설명하였다.

"이 금사자의 본체는 금이라는 질료고, 사자의 모습은 우리 눈에 보이는 현상에 불과합니다. 그런데 금사자의 모양은 허무하여 실제가 없고 늘 바뀌는 데 반하여 금 자체는 변하지 않습니다. 사물의 본질이란 것도 결국은 그 현상을 통하여 우리 앞에 드러나기 마련입니다. 마찬가지로 육체라는 껍데기가 없다면, 인간의 본질이라 할 정신 또한 발휘될 수 없습니다. 그러므로 모든 일과 원리는 상호의존하고 보완되어 이루어지는 것이지요."

이 설명을 듣고 나서 비로소 연기설(緣起說)을 이해한 측천무후는 법장에게 『화엄경』에 나오는 현수보살의 이름을 따 '현수보살계사'라는 칭호를 내려주었다. 어떻든 위에서 말한 설법은 법장 자신의 사상을 드러낼 뿐만 아니라, 화엄종의 철학을 대표하기도 한다.

법장에 의하면, 우리가 도를 깨닫기만 하면 하찮은 티끌 하나에도 불국토가 존재할 수 있기 때문에 개인은 그가 놓인 위치에서 얼마든지 부처의 경지에 도달할 수 있다. 가령 노예나 농민이 이 도리만 깨닫는다면, 자신이 사는 곳이 곧 불국토기 때문에 몸은 비록 착취를 당하더라도 마음만은 고통을 느끼지 않을 수 있다. 그러므로 법장의 이론은 결국 종교 신학 안에서의 계급 조화론이라 할 수 있으며, 바로 이것이 당나라의 지배계급이 화엄종을 높이 받든 이유 가운데 하나였다.

지배계급의 입장에서 보면, 피지배계급이 자신의 처지와 신세를 불평불만하지 않고 묵묵히 견뎌내는 데 이보다 더 좋은 교리는 없을 것으로 여겼고, 불만세력에 의한 사회불안 요소들이 제거될 수 있다고 생각했다.

당나라는 수나라 때의 토지제도였던 균전제(均田制)를 채택하였다. 그런데 균전제는 강력한 국가권력을 전제하는 것이었으므로 일찍부터 강하고 효율적인 국가운영체제를 확립한 당나라에 적합한 제도였다. 물론 왕족과 귀족들에게도 상당한 토지를 지급했는데, 이것은 토지소유를 제한하는 효과도 노리는 것이었다. 균전제는 농민들의 생활을 안정시키되 그들을 농촌에 묶어놓음으로써 지배체제를 공고히 하는 한편, 국가 재정을 확보하는 것이기도 했다. 효과적인 인구 파악이 가능해졌고 이에 따라 부병제(府兵制)를 원활하게 운영할 수 있게 되었던 것이다.

이제 당나라 입장에서는 국내적으로 정권을 공고히 하기 위해서라도 외부의 위협을 제거해야 했는데, 당시 고구려는 돌궐과 손을 잡고 당나라를 위협하기까지 하였다. 당나라는 먼저 약세인 돌궐을 공격하여 복속시키고 서역 진출로를 확보하였다. 그러나 서역에 새롭게 등장한 이슬람 세력과의 일전에서 패배하는 바람에 비단길(Silk Road)을 잃고 말았다. 이후 당나라는 서쪽으로 티베트를 항복게 하였고 동으로는 신라의 도움을 받아 고구려를 멸망시키고 일본까지 영향권 아래 두게 된다.

최고의 융성기였던 당 태종 시대를 지나 현종 시대가 도래하자 외부로 팽창한 국력과 내적인 안정으로 말미암아 인구는 급격히 증가하였고, 생산력이 비약적으로 발전하였다. 그러나 사적 재산의 소유로 인해 사람들의 욕심이 늘어나기 시작했고, 그 결과 대규모 개인 소유지인 장원(莊園)이 등장하였다. 여기에 인구까지 늘어나자 농민에게 지급해야 할 토지가 부족해졌다. 더욱이 변방 지역에서는 북방 이민족이 자주 출몰하였고, 궁중에서는 사치와 낭비가 행해졌다. 관료제도의 운영까지 방만해져 재정이 바닥나자 정부에서는 그 부담을 농민에게 지우기 시작했다. 사태가 이에 이르자 농민은 고향을 떠나기 시작했는데, 이것이 남아 있는 농민들에게 더욱 큰 부담이 되었고 군역의 의무 또한 더욱 가혹해졌다.

결국 정부는 의무적인 징병제 대신 모병제로 정책을 바꾸었다. 물론 이렇게 하여 소집된 군인들은 뛰어난 전투력을 유지하긴 했으나 자신의 퇴직을 결정하는 직속상관에게만 복종함으로써 사병화(私兵化) 현상이 나타나기 시작했다. 이 틈을 타서 지방군대의 장관인 절도사들이 전면에 등장하였는데, 그들 가운데 안녹산과 사사명이 대표적이다. 한때 현종의 총애를 받던 안녹산이 사사명과 더불어 '안사의 난'을 일으켰으니 20만 명의 반란세력으로 인하여 수도인 장안이 함락되고 현종은 사천지방으로까지 도망을 가기도 하였다. 마침내 난은 평정되었으나 정부의 권위는 크게 떨어져 번진(藩鎭, 군대의 주둔지)들이 곳곳에서 발호하기 시작했다.

중국에서 불교철학의 발전은 대략 3단계를 거쳐 왔다. 1단계는 위진 시대로, 이때에는 불교 경전을 번역하여 소개하는 수준이었다. 2단계는 수당 시대로, 중국의 불교학도들이 인도불교를 초보수준에서 배워나가는 단계였다. 3단계는 유교, 도가 등 중국의 전통철학과 불교가 서로 융합하여 불교의 중국화가 이루어진 단계인데, 이는 바로 법장으로부터 출발한 것이다.

법장이 화엄종에서 차지하는 위치는 마치 지의가 천태종에서 차지하는 위치와 같다. 화엄종은 한때 크게 번성하였으나 당나라 무종(武宗)이 불교를 탄압한 이후 쇠락의 길을 걷게 된다. 무종은 전국에 불교를 금지하는 칙령을 내려 크고 작은 절들을 허물어버리고 26만 명에 이르는 승려들을 속세로 돌려보냈으며, 절의 노비 15만 명을 해방시켰다. 불교계에서는 이를 두고 '회창법난(會昌法難)'이라 불렀고, 이후 화엄종은 중국불교의 주도적 지위를 선종에게 내주고 말았다.

## 선(禪), 달마가 동쪽으로 간 까닭은?

석가가 인도의 영산 집회에서 전도를 하고 있을 때였다. 그가 아무 말 없이 꽃 한 송이를 들어 여러 사람에게 보였다. 그 자리에 모여 있던 여러 신자들이 서로 얼굴만 쳐다볼 뿐 석가의 뜻을 이해하지 못하였다. 이때 마하가섭(摩訶迦葉)이라는 제자가 이해한다는 의미로 웃음을 지었다. 이를 본 석가는, "내 마음속에 있는 정법과 원리가 이미 가섭에게 전달되었다."라고 말하였다. 이른바 '염화시중의 미소'[11]다.

이 비법은 가섭을 거쳐 2대조인 아란에게 전수되고, 28대조인 보리달마(菩提達磨)에까지 내려왔다. 그리고 520년부터 526년 사이에 보리달마에 의해 비로소 중국 땅에 전해졌던 것이다.

처음으로 선종을 중국 땅에 가져온 보리달마는 소림사(小林寺)로 들어가 절간의 벽을 마주하고 9년 동안 정좌한 끝에 도를 깨우쳤으며, 마침내 전법의 제자 혜가(慧可)를 찾아내게 되었다. 그 후로 달마는 곧 행적을 감추어 버렸기 때문에 그에 대한 역사적 고증이 불가능한 실정이다.

중국에 들어온 보리달마는 혜가에게 의발(衣鉢)[12]을 전하였고, 혜가는 중국 선종의 2대조가 되었다. 그 후 4대조까지는 인도에서처럼 전법을 말로 하거나 글로 남기지 않았기 때문에 자세히 알 수가 없다. 5대조인 홍인(弘忍) 대에 이르러서야 비로소 제자들에게 전법을 가르치기 시작하여 문하에 1,500여 명이나 모여들었다. 그런데 마땅히 가장 명망 있는 수재에게 의발이 전해져야 할 터이나 뜻밖에 글도 모르는 방앗간 소공(小工)에게 전달되었다. 어찌해서 글도 모르는 소공이 선종의 의발을 얻게 되었을까?

홍인선사가 황매산의 동선사에서 설법을 하고 있을 때였다. 지혜가 가장 뛰어난 제자에게 의발을 전해줘야 했던 그는 고민하던 중에 당시 이름을 떨치던 신수(神秀)보다 방앗간 소공이 더 뛰어나다는 점을 발견했다. 그리하여 그에게 선종 법문을 전해 주었다. 그리고는 의발을 건네주고 한 수의 게어(偈語)를 읽어 주었다. 모든 것을 깨끗이 물려준 선사는 마지막으로 말했다.

"오늘부터 당신은 중국 선종의 6대조가 되었소. 본래 우리는 마음과 마음으로 뜻을 전달하는 것이며, 의발은 상징에 불과하오. 그러나 불행히도 이것 때문에 사람들 사이에 많은 싸움이 일어나니 이후로부터는 당신도 의발을 전해서는 안 되오."

글자를 알지 못하는 방앗간의 소공이 바로 중국 불교학 역사상 가장 유명한 6대조 혜능(慧能)이다. 선종은 홍인의 두 제자에 이르러 두 개의 종으로 나누어지게 되었는데, 북종의 창시자는 신수였고, 남종의 창시자는 혜능이었다. 이후로 남종이 북종을 능가하였기 때문에 혜능이 홍인의 의발을 받아 선종의 6대 조가 되었다.

'염화시중의 미소'라는 예에서 보듯이, 이들이 불법을 전하는 데에는 매우 특이한 점이 있다. 그들은 결코 몇 권의 경전을 후 대에 전한다든지 많은 말로 도리를 설파하지 않았다. 다만 간단 하고 명확한 몇 마디 말로 제자들에게 불법을 전하였는데, 이 몇 마디 말을 이른바 '게어'라고 한다.

선(禪)의 원래 명칭은 선나(禪那)로, 어원은 산스크리트어 의 'Dhyana'를 발음에 따라 번역한 데서 비롯되었다. 영어로는 'meditation(깊고 조용한 생각, 묵상)'이라 한다.

선종의 대가들은 말이 아니라 개인적인 접촉을 통하여 몸으 로써 제자들을 가르친다. 그들은 말로 표현할 수 있는 것보다 표현할 수 없는 것이 더 많음을 깨달은 것이다. 그리하여 가령 학생 하나가 불교의 근본 원리에 대하여 물었을 때, 엉뚱한 대 답을 하거나 심지어 몽둥이로 때리기도 하였다고 한다. 이는 질 문에 대한 답이 불가능하다는 사실을 알려주기 위해서였다.

다음은 혜능의 제자인 마조와 승려 방거사(龐居士)의 문답이 다. 방거사가 물었다.

"만법(萬法)과 아무 관계없는 사람은 어떤 사람입니까?"

그러자 마조가 대답하기를 "네가 단숨에 서강(西江)의 물을 다 삼켜버릴 때까지 기다려라. 그러면 그때 말해주겠다."라고 하였다. 이를 일종의 선문답(禪問答)이라고 한다.

　선문답은 결국 '문자에 의존하지 말라.'라는 선종의 기본원칙을 나타내는 것이거니와, 그들은 대부분 침묵을 강조한다. 이러한 주장 속에는 '부처가 되고 해탈을 얻기 위해서는 자신의 모든 것(육체, 생각, 말)을 없애야 한다.'라는 믿음이 들어 있다.

　당시의 중국불교에서는 부처가 되려면 경전을 벗어나서는 안 되며, 끊임없는 수련을 통해 여러 단계를 거쳐야 한다고 주장하였다. 신수가 이끄는 북종선 역시 이와 궤도를 같이 한다. 그러나 혜능의 남종선에서는 복잡한 종교의식이나 불경을 읽는 일, 부처를 경배하는 일 등에 대해 말하지 않았다. 그는 순간적인 깨달음에 의해 누구든지 부처의 경지에 오를 수 있음을 강조하였다.

　이러한 남종선이 왜 나타나게 되었을까? 그것은 당시 사회상이 반영된 것이라 볼 수 있다. 당시 균전제가 무너지고 토지를 많이 가진 사람이 한꺼번에 늘어나자 땅을 잃고 파산하다시피 한 농민들이 절에 몰려들었고, 승려귀족들은 그들의 노동력을 착취하기에 바빴다.

　농민들이 몰락하여 전호(佃戶, 소작농)가 되거나 유랑민이 되면서 징병제가 무너지고 모병제가 시행되기에 이르렀다. 그럼에도 계속되는 정책 실패와 농민의 부담 증가로 '황소의 난(黃巢─亂)'으로 대표되는 농민봉기가 전국적으로 발생하였고, 결

국 당나라는 절도사 주전충(朱全忠)에게 멸망 당하고 말았다
(907년).

당나라에서는 문벌귀족들이 관료가 되려면 유학을 공부해
야만 했다. 하지만 이것은 관료가 되기 위한 도구일 뿐 삶 자체
를 윤택하게 해주지는 못했다. 본질적 삶에 대해 해답을 줄 수
있는 종교가 필요했는데, 이때 서역으로부터 조로아스터교, 마
니교, 이슬람교, 경교(景敎, 네스토리우스교) 등이 유입되었다. 참
선과 자기 수양을 중시하는 불교의 선종이 각광을 받았고 도교
역시 황실의 보호 가운데 귀족계급을 중심으로 성행하였다. 이
러한 현상은 일반 백성에게도 영향을 미쳐 불교와 도교가 사상
계를 지배하기에 이르렀다.

그런데 혜능은 본래 미천한 출신이었던 데다 그의 가르침 역
시 귀족들의 특권의식과는 동떨어진 것이었다. 예컨대, 많은 재
물을 절에 바쳐야만 부처가 될 가능성이 커진다고 한다면, 귀족
과 지주계급이 가장 먼저 성불할 것이고 가난한 농민이나 하층
계급의 사람들은 성불할 가능성이 거의 없다. 또한 불교 경전에
대한 접근은 당시 사원경제를 이끌어나가던 귀족들만이 누릴
수 있는 일종의 특권이어서 하층계급의 입장에서는 경전을 만
져볼 기회조차 없었다. 이때에 '순간적인 깨달음으로 누구든지
부처가 될 수 있다.'라는 혜능의 가르침은 하층민들의 호응을
불러 일으켜 중국 불교의 대중화가 촉진되는 계기가 되었다.

지주계급의 입장에서 보면, 혜능의 사상은 민중의 저항의지를 꺾어버리는 도구로 이용되었다. 가령 어떤 착취와 압박을 당하더라도 그것을 개혁할 필요 없이 그저 스스로 깨닫기만 하면 되기 때문이다. 이에 따라 속세에 머무는 지주 가운데에서도 재가보살(在家菩薩)이 나타나기도 하였다.

그러나 혜능의 주장은 '승려가 되지 않아도 부처가 될 수 있다.'라는 생각으로 이어져 출가를 강조하는 전통적 불교에 큰 타격을 가했다. 심지어 '본성이 곧 부처다.'라는 말을 왜곡하고 오해하여 승려 가운데에는 겉모습에 집착하지 않아 술을 마시고 고기를 먹는 사람까지 나타났다. 향락적이고 부패한 생활에 찌들어 있던 귀족계급들에게 '아무리 나쁜 짓을 하더라도 한순간에 깨달으면 부처가 될 수 있다.'라는 혜능의 돈오성불론은 면죄부 역할을 하였던 것이다.

그렇다면 왜 선종이 센세이션을 일으켰던 것일까? 먼저 인도 불교에 선종이 없었던 것을 들 수 있다. 그만큼 중국에서 일어난 선종은 대단히 혁신적일 수 있었다는 뜻이다. 이러한 상황 속에서 선종은 엄청난 파괴력을 가질 수 있었으며, 마침내 중국 불교의 주류로 성장하였던 것이다.

# 불교·도교에서 유학으로, 성리학

중국철학사에서 두 번의 통일이 이루어졌는데, 처음은 유학만을 숭상했던 한나라 때고, 다음은 신유학으로 이학(理學)을 받든 송·명 시대였다. 성리학(性理學)이란 유가의 성론(性論)과 주자 및 정자의 천리(天理) 사상이 노장 사상과 불교의 영향을 받아 이론적으로 보다 깊어짐으로써 완성된 하나의 철학 체계다.

그렇다면 송나라 때에 성리학이 등장하게 된 배경은 무엇일까? 이때에는 경제가 비약적으로 발전하고 인쇄술을 포함한 과학기술이 발달하였다. 또한 학문을 중시하는 사대부들이 지배계급으로 등장하면서 학문발달이 가속화되었다. 그동안 유학은 경전의 자구를 해석하여 주석을 붙이는 훈고학이 주류였다. 이에 따라 심오한 유학 연구의 기풍은 사라지고 과거시험을 위한 암기식 학문이 횡행하였다. 이 때문에 위진남북조 시대, 수와 당을 거쳐 5대 10국 시대에는 불교와 도교가 민심의 호응에 힘입어 크게 융성하였다.

그러나 송 대에 이르러 사대부들은 과거 유학의 침체에 대해 반성하는 한편, 도교와 불교에 대한 깊은 고찰을 통하여 유학의 부족한 부분을 보충해나갔다. 그 결과 우주 생성의 원리와 인간의 본성에 대한 철학적이고 사색적인 내용들이 유학에 가미되었다. 이렇게 하여 태어난 성리학은 이민족의 도전에 대해 화이(華夷) 사상과 대의명분론을 제시하였다. 중국과 사대부를 중심으로 세계를 운영하자는 논리인데, 이 때문에 송 대의 학문은 국수주의적 성격을 띠게 되었다.

성리학은 송 대의 주렴계(周濂溪)를 시조로 하며, 염계의 제자인 정이천(程伊川)이 '성즉리(性卽理)'라 한데서 유래한다. 그후 주자가 천리, 성즉리의 사상을 근거로 기를 흡수하여 정주학(程朱學)으로 집대성하였다. 송 대 이학의 첫 번째 흐름은 북송오자(北宋五子)인 소강절(邵康節), 주렴계(周濂溪), 장횡거(張横渠), 정명도(程明道), 정이천(程伊川)으로 이어진다.

## 소강절, 뻐꾹새 우는 소리

소강절의 이름은 옹(雍)이며, 자는 요부(堯夫)로 송나라 사람이다. 그는 어려서부터 소문산의 백원사에 머무는 동안 많은 고생을 하였으나, 그 와중에서도 힘써 배웠다고 한다. 북해의 이연지를 만나 선천상수학(先天象數學)[13]을 이어받음으로써 자신의 학문적 기초로 삼았는데, 낙양 부근에서 30여 년을 살며 사마광, 부필, 장횡거, 정명도 형제와 사귈 수 있었다. 비록 가정환경이 넉넉지는 못했지만 자칭 안락선생(安樂先生)이라 하며 스스로 즐거움을 누리며 살았다.

그는 '학술과 덕행을 완전히 겸비한 통치자가 덕으로 나라를 다스림으로써 태평성세를 이루는 도리'를 설파하였다. 그러나 그것은 하나의 이상일 뿐 현실세계에서 실현하기란 매우 어려운 일이었다.

소강절은 자신의 철학으로 장래의 일에 대해 예언하기도 했다고 한다. 그는 천진교(天津橋) 위에 서서 뻐꾹새가 우는 소리를 듣고 '남쪽 사람이 나라 조정에 등용되어 세상 천하에 이런저런 일이 많아질 것'이라 하였다. 그런데 실제로 당송(唐宋) 8대가의 한 사람인 왕안석(王安石)이 조정에 들어와 재상이 되어 청묘법(靑苗法)[14]을 시행하였지만, 법 자체가 비현실적인데다 반대파의 저항마저 심하여 결국 실패로 돌아가고 말았다.

송나라를 세운 태조 조광윤은 당나라 말기 이래로 이어져 온 무인들의 횡포를 막지 않으면 국가가 위태롭게 된다는 사실을 잘 알고 있었다. 그리하여 그는 관료체제를 새롭게 정비하고 문치주의를 지향하였다. 행정상의 주요 관서에 2명 이상의 장관을 두고 관료사회를 통제하기 위하여 감찰제도를 강화하였다.

그 덕택으로 송 대에는 황제의 독재체제가 강화되어 이후

송과 요, 서하

명·청 대를 거치면서 더욱 발전할 수 있었다. 그러나 지나친 문치주의는 군사력 약화를 가져왔고 방대한 관료체제 운영은 막대한 국가재정의 부담으로 작용하고 있었다. 게다가 이 무렵 송은 거란족의 나라인 요(遼)에게 대패하고 막대한 재물을 보내어 재정적인 부담이 더욱 커졌다. 이러한 굴욕적인 외교는 티베트족이 세운 서하(西夏)에 대해서도 동일하게 반복되었다.

이러한 난국에 처하자 6대 황제 신종은 왕안석을 등용하여 부국강병책을 단행하였다. 왕안석은 정부가 지주나 대상인들의 농간을 철저히 방지하고 서민층을 보호할 수 있는 개혁안을 마련하였다. 즉 서민들의 생활을 안정시킴으로써 필요한 병력을 확보하고 군마(軍馬)를 육성하려 하였던 것이다.

그러나 왕안석의 개혁안은 기득권 세력인 관료들과 부유 상인, 지주들의 반대에 부딪쳐 실패하고 만다. 또한 개혁안을 지지하는 신법당과 기득권 세력인 구법당 간의 당쟁을 유발하여 나라의 혼란은 더욱 가중되었다.

소강절은 스스로의 학문을 통하여 어지러운 세상을 바로잡아 보려했다. 하지만 그의 선천상수학은 매우 번거롭고 복잡할 뿐 아니라 도가의 느낌도 있어 이학(理學)이라는 철학사에서 보자면 항상 별종의 어떤 것으로 따돌림을 받았다. 또 그것을 계승하는 사람도 없어서 대가 끊어지고 말았다. 그러나 이후에 등장하는 주렴계의 태극도설은 아주 간명하면서도 핵심적인 내용을 머금고 있어 이학의 발전에 많은 도움을 주었다.

## 주렴계, 문무를 겸비한 선비

주렴계의 이름은 돈이(敦頤)며, 염계는 그의 호다. 중국 도주의 영도 출신으로 송나라 사람이다. 주렴계가 소강절과 다른 점은 선종의 영향을 받았다는 사실이며, 일상생활에서도 매우 담백하고 소박하고 또한 고요하였다.

그가 노산의 연화봉 밑에 아담한 글공부 방을 하나 마련하였는데, 집 앞의 풀과 나무들이 우거져 모두 창문을 덮고 있었다. 그래서 어떤 사람이, "왜 저것들을 가위로 다듬지 않으십니까?"라고 물었더니 그는 웃으며, "이 풀과 나무들은 내 마음 상태와 똑같은 것이오."라고 대답하였다.

그는 20여 년 동안 정치에 관여하기도 하였는데, 이때 현장에서부터 각 주의 판관(判官)에 이르기까지 두루 벼슬을 거쳤다. 그러나 관직에 있는 동안에도 자기 한 몸의 안위를 돌보지 않고 악한 법률을 비판하고 가혹한 형벌을 철폐하는 데 앞장섰으며, 무고하게 끌려간 사람들을 위해 변호하였다. 또 생명의 위험을 무릅쓰고 악질이 유행하는 험한 곳에 스스로 청하여 부임하곤 하였다. 이처럼 그가 정의를 위해 바른말을 하고 덕을 실천하기 위해 분골쇄신하였으므로 조정과 재야의 모든 사람은 그를 '문무를 겸비한 선비'로 추앙하였다.

주렴계는 우주의 본원을 무극이태극(無極而太極)이라 하였다. 형체도 없고 색깔도 없으며, 또한 시작도 없고 끝도 없다고 하는 의미에서는 무극이지만, 그것이 단순한 텅 빔이 아니고 세상 만물의 처음이자 모든 조화의 근본 원천이라는 의미에서는 태극이라는 것이다.

이렇게 무극이 태극인 본체는 두 가지의 가능성을 가진다. 하나는 움직이는 것으로 양(陽)이라 부르고, 다른 하나는 멈추어 있는 것으로 음(陰)이라 부른다. 이 음과 양이 발전하면 수화목금토(水火木金土)의 오기소(五氣素)를 만들어내는데, 이것을 흔히 오기(五氣) 또는 오행(五行)이라 부른다. 그리고 오기가 우주 안에 골고루 퍼져서 1년 4계절이 돌게 된다. 또 남녀(암수, ＋－)의 상호교감에 의하여 만물이 생겨나고, 무궁한 생성변화가 이루어지는 것이다.

주렴계와 소강절, 두 사람의 사상에는 모두 도가의 색채가 강하게 나타나 있는 것도 사실이다. 하지만 바로 그 도학을 유학으로 이끌고온 것 역시 그들의 공로라 해야 할 것이다. 두 사람이 유학의 발전에 미친 영향을 간접적인 것이라 한다면, 유가정신을 완전히 발휘한 철학자는 장횡거였다.

## 장횡거, 왕안석의 미움을 받다

장횡거의 본명은 장재(張載)로, 본래 그의 선조는 산서성 천진현의 동북쪽인 대량에서 살았다. 그 후 부친이 벼슬길에서 세상을 떠나매, 집안에 남은 사람은 모친과 어린 아이들뿐인지라 고향으로 다시 돌아갈 수 없었다. 그리하여 섬서성 봉상의 횡거진에 정착하게 되었는데, 그 때문에 후세인들은 그를 일컬어 횡거 선생이라 불렀다.

이미 18세에 오랑캐를 내쫓기로 결심한 그는 붓을 내던지고 군중을 모아 요서의 빼앗긴 땅으로 진격하고자 하였다. 그리하여 중국 북송 때의 명신 범중엄(范仲淹)에게 자신의 마음 속에 있는 포부와 굳센 의지를 글로써 호소하였다. 그러나 중엄은 그의 재주를 알아차리고 경계하여 말하기를, "유가에는 뛰어난 가르침이 있어 능히 그것으로 즐거워할 수 있거늘, 어찌 새삼스럽게 병법을 알고자 하는가?"라고 하였다. 그리고는 『중용』한 권을 보내어 자세히 읽어보기를 권하는 것이었으니, 결국 이 일이 그에게는 병법에서 유가로 향하게 한 전환점이 되었다.

횡거가 숭문원의 교서(校書)로 승진되었을 때, 재상자리에 앉아 있던 왕안석이 그를 신당에 가입하도록 종용하였다. 횡거가 이를 거절하자 이에 앙심을 품은 왕안석은 일부러 그를 절동(浙東)으로 보내어 감옥을 다스리게 하였다. 그러자 횡거는 병을 핑계로 삼아 종남산으로 돌아와 책 쓰는 일에만 매달렸다.

그는 일단 무엇인가 깨달은 바가 있으면 망설임 없이 기록하는 습관이 있었다. 잠자리에 누워 있다가 갑자기 새로운 생각이 떠오르면, 곧 자리를 박차고 일어나 기름불을 켜놓고 글을 써 나갔다. 이렇게 밤낮을 가리지 않고 고민하고 사색하는 가운데 유명한 『정몽(正蒙)』이 쓰인 것이다.

주렴계가 태극(太極)을 우주의 본체로 삼았다면, 횡거는 태화(太和)를 우주 본체로 삼았다. 태화란 본래 '가장 잘 어울릴 수 있는' 또는 '가장 잘 화합하는'이라는 뜻인데, 횡거는 이를 '크게 조화를 이룬다.' 또는 '크게 화해를 한다.'라는 의미로 사용한 것 같다.

도가 밖으로 드러난 모양이 태화라고 한다면, 도의 본래 생김새는 '태허(太虛)'한 것이다. 그것은 형체도 없고 느낌도 없으며, 그침도 없이 한없이 텅 빈, 말하자면 '커다란 비움'이다. 이와 같은 이유에서 횡거는 하늘과 땅의 모든 사물이 비어 있는 한 가운데(허중, 虛中)로부터 흘러나온다고 보았다. 즉, 태허란 우주 만물의 본체를 가리켜 붙인 이름이고, 태화란 우주 만물의 본체가 나타내는 능력을 가리킨다고 할 수 있다. 그리고 이 태허가 곧 기(氣)의 본체다.

장횡거는 날마다 자기의 서재에 종이와 붓, 먹을 가득 쌓아 두고 책상 앞에 단정히 앉았다. 당시 그의 상태를 보면 몸은 비록 은거 중이지만, 마음만은 세상을 구하고자 하는 한 가지 생각으로 들끓고 있었다. 그러나 워낙 학문에만 몰두하느라 건강을 돌보지 않은 탓에 폐병에 걸려 죽고 말았다. 그의 나이 57세 때였다.

## 정이천, 황제를 나무라다

요, 순, 우, 탕, 문, 무, 주공, 공자가 한줄기가 되어 전해지던 유가의 도통(道統)이 맹자의 죽음으로 인해 멈추고 말았다. 그러다가 정명도, 정이천 두 형제에 이르러 유학의 참 정신을 밝혀내고 1천 년을 잇지 못한 도통을 회복하였다.

유학연구의 기풍은 송나라 개국 초부터 일어나기 시작하여, 이정(二程) 형제(정명도 정이천 형제를 부르는 말)에 이르러서는 학문이 상당히 번창하였다. 당시의 유학은 위로는 범중엄, 구양수 등의 대신들이 이끌고, 아래로는 호원, 손복 등의 유학자들이 전파하였다. 이에 이정 형제는 한편으로는 호원(胡瑗)의 지도를 받고, 한편으로는 아버지의 소개로 소강절, 주렴계, 장횡거 등 대유학자들을 알게 되어 이들의 높은 품격을 직접 접하였으니, 이것은 모두 그들 사상의 온상이 되었다. 여기에는 또 어머니의 엄격한 가정교육이 한몫을 거들었다.

동생 이천이 태학에서 공부하고 있을 당시, 명도는 지방에서 주부(主簿)를 맡고 있었다. 비록 작은 벼슬이었으나, 명도는 그 벼슬을 통하여 능히 백성에게 이로움을 줄 수 있었다. 그리하여 주부에서 현장으로, 다시 감찰어사로 승진하였고, 황제인 신종은 나라의 큰일을 놓고 그와 의논하기까지 하였다.

그러나 그는 부국강병에 대해서는 도무지 말을 하지 않았기 때문에 왕안석의 정책과는 융화할 수가 없었다. 결국 왕안석의 신법(新法, 일종의 부국강병책)에 눌려 변방으로 쫓겨났다가 철종의 즉위와 더불어 종정승(宗政承)이 되었다. 하지만 이미 그의 몸과 마음은 매우 쇠약해져 있었다. 그가 세상을 떠난 후 이천은 형의 죽음을 애도하며 한편의 묘시를 짓기도 했다.

정이천의 이름은 이(頤)요, 자는 정숙(正淑)이다. 훗날 이천백(伊川伯)에 봉해졌으므로, 세상 사람들이 그를 '이천 선생'이라 불렀다. 하남 낙양 출신으로, 형인 명도가 주정적이고 직관적이었던 데 비하여, 주지적이고 사변적이었다. 명도의 기상이 호방하고 관대하였던 데 비하여, 이천은 준엄하고 빈틈이 없었다. 한 번은 철종이 무심코 버들가지 하나를 꺾었다. 이천이 이것을 보고 정색하여 말하기를, "따뜻한 봄날은 풀과 나무가 싹을 틔우는 계절이온데, 아무 까닭 없이 가지를 꺾어서는 안 됩니다."라고 하였다. 이 말에 철종은 매우 무색해졌다. 이처럼 군주에게도 아무런 기탄없이 직언하는 마당에 하물며 일반 사람에 대해서는 말할 것도 없었다.

이와 반대로 명도에게서는 항상 다사로운 기운이 풍겼다. 그래서 신종이 명도와 이야기를 나눌 때는 점심 먹는 것조차 잊을 정도였다. 그리고 작별할 때는 두세 번 분부하여 말하기를, "그대는 언제든지 나를 찾아와도 좋소. 나는 그대와 이야기 나누는 것이 매우 즐겁소."라고 하였다. 그리하여 비록 명도의 의견이 왕안석과 맞지 않아 비판을 받았지만, 왕안석은 개인적으로 명도를 매우 존경했다고 한다. 명도의 타고난 성품이 원만하고 화평했기 때문이다.

동생 이천은 그의 까다로운 성격과 당시의 극심한 당파싸움으로 인하여 많은 고난을 당하였고, 벼슬이 강등되어 사천의 부주로 쫓겨 가는 수모를 겪기도 하였다.

변방에서 몇 년 동안 고생하다가 휘종에 의하여 다시 복직되었지만, 이때는 당파싸움이 최고조에 도달해 있었던 시기였다. 그리하여 그가 학생들을 가르친 것에 대해서마저 범치허 등은 '이천이 사설(邪說)로 백성을 현혹시킨다.'라고 엉뚱하게 무고하였다. 결국 그가 세상을 떠났을 때, 장례를 지켜본 사람은 겨우 네 사람뿐이었다. 그리고 장례식 후로도 감히 그의 묘시를 쓰고자 하는 사람마저 없었다고 한다.

명도가 기일원론(氣一元論)을 주장한 데 대하여, 이천은 이기이원론(理氣二元論)을 주장했다. 그의 눈에 우주는 혼연일체의 경지도 아니고, 음과 양의 두 기운에 의해 만물이 나타나는 것도 아니다. 다만 모든 삼라만상은 무성하게 늘어선 세계로, 이(理)와 기(氣)의 작용에 의한 것일 뿐이었다. 즉, 이천에 의하면 우주 가운데에서 만물의 생성이나 변천은 기의 변화로 일어나는 것이기는 하나, 기가 변하는 것은 불변의 이에 근거해 있기 때문이다.

## 주자, 동양의 칸트

정이천의 이기이원론을 계승하여 이른바 주자학을 완성한 사람은 남송의 사상가인 주자(朱子)다. 주자의 이름은 희(熹)인데, 송나라 고종 때에 휘주의 무원에서 송(松)이라는 사람의 아들로 태어났다.

주자는 어려서부터 학문적 자질이 뛰어난 데다 혼자 생각하기를 즐겼다고 한다. 5세 때는 『효경』을 읽었고, 다른 아이들과 놀 때에도 혼자 조용히 앉아 모래 위에 손가락으로 팔괘(八卦)를 그리곤 하였다. 그리고 10세 때 유학 경전을 읽기 시작하면서부터 공자를 숭배하였으며, 24세가 되자 부친과 함께 공부했던 이연평 선생을 스승으로 모셨다. 그리하여 주자는 불교와 노자의 허망한 이론을 포기하고, 이정(二程)의 낙학을 일생의 학

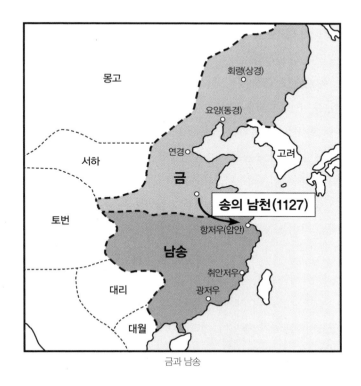

몽고

회령(상경)

요양(동경)

서하

연경

고려

금

송의 남천(1127)

토번

항저우(임안)

남송

취안저우

대리

광저우

대월

금과 남송

문적 기초로 삼았던 것이다.

주자는 33세에 문학박사로 승진하였는데, 이때 금나라가 남
침하였다. 이에 혈기왕성한 주자가 '금나라와 화해하는 것은 옳
지 않다.'라는 내용의 글을 효종에게 올렸다. 화해를 강력히 반
대하는 그의 주장은 그의 아버지가 진회(秦檜)의 화해정책에
불만을 품었던 것과 맥을 같이한다. 그러나 당시의 재상인 탕사

경 등에 의해 주자의 건의는 묵살되었다. 이에 그는 조정을 떠나 은거하면서 독서와 저술에 온 힘을 쏟았다.

여기에서 주자 당시의 정세를 살펴보자. 송이 패망의 기운을 보이는 가운데 북방의 강자였던 요를 물리치고 그 자리에 새로운 세력이 들어섰는데, 그것이 바로 여진족의 금나라였다 (1115년). 이때 송은 금나라와 동맹을 맺어 요를 타도한 다음 연안 16주를 회복하고자 하였다. 그러나 금나라는 요를 정복한 후 송에게 연안 16주를 돌려주지 않았을 뿐 아니라 도리어 송에 군사비를 보상하고 나아가 정기적인 세폐(재물납부)를 요구하였다. 그리고 1127년에는 송의 수도인 개봉(開封)을 함락시키고 황제와 황족을 포로로 삼고 말았다. 이때 살아남은 황족의 일부가 남으로 피신하여 임안(臨安, 항저우)에서 나라를 재건하였으니 이것이 남송이다. 이리하여 회하를 중심으로 북쪽은 금, 남쪽은 남송이 대치하는 형국이 되었다. 이후 남송은 금에 막대한 물자를 바침으로써 멸망의 길을 걷게 되고, 금은 풍부한 재정으로 사치와 향락에 빠짐으로써 쇠퇴의 길에 들어서게 된다.

이 무렵 주자는 절친했던 여동래(呂東萊)의 소개로 육상산을 만난다. 주자는 심학파(心學派)의 영수였던 육상산을 만나 함께 대화를 나누었지만, 서로 의견이 맞지 않아 논쟁의 결론을 얻지 못하였다. 그 후 주자가 50세 되던 무렵, 강서성 여산 오로봉 아래에 백록동 서원을 세우고 유명한 학자들을 초빙하였는데, 이 가운데에는 그와 견해를 달리하는 육상산도 있었다.

백록동 서원을 세운 이듬해, 그곳에 큰 가뭄이 들었다. 그러나 나라에서는 조금도 관심을 보이지 않았고, 이에 주자는 효종에게 비분강개하는 상소문을 올렸다. 그렇지만 그의 문장을 본 효종은 노발대발하여 그를 강서의 상평 지방으로 내쫓고 말았다.

그 후 영종이 왕위에 오를 때, 주자의 나이는 이미 66세의 고령이었다. 그럼에도 간신들의 발호(跋扈)를 너그러이 보아주지 못하였는데, 주자의 간언을 들은 영종은 도리어 주자의 관직을 박탈하여 시골로 다시 돌려보내고 말았다. 이와 동시에 반대파들에 의해 그는 조정의 반당으로 몰리고 말았으니, 외교상의 화해를 주장하는 파와 그렇지 않은 파 사이의 의견대립이 결국 정치적인 투쟁으로까지 번지고 만 것이다. 1200년 3월 9일, 주자는 지켜보고 있던 문인들에게 "뜻을 굳게 가져라!"라는 마지막 말을 남기고 70세의 일기로 숨을 거두었다.

주자는 살아생전에 지배자들로부터 인정을 받지 못하였으나, 세상을 떠난 후 새로운 평가를 받았다. 남송의 황제 이종은 주자에게 태사(太師)의 관직을 추서하고, 그의 위패를 공자묘에 모시도록 명령하였다. 또 주자가 주석을 단 사서(四書)를 교과서로 지정하고, 과거시험에서 인재를 뽑을 때 표준으로 삼도록 하였다. 우리나라에서도 주자학은 고려 말엽에 들어와서 조선의 정치와 사상계를 완전히 지배하였다.

이정 형제는 단지 북송 이학의 기초를 잡는 데 그쳤으나, 주자는 송나라 시대의 이학을 집대성하였다. 특히 백록동 서원의 다섯 가지 교육조항은[15] 요순 임금의 도를 이어받아 주자가 쓴 이래 유가의 전통적인 교육이상이 되었다.

주자가 세상을 떠난 지 100여 년 후에 그의 사상은 일본에 들어갔으며, 400여 년 후 메이지유신(明治維新)에 직접 영향을 주었다. 그가 이처럼 큰 영향을 끼친 원인은 그의 풍부한 종합 능력과 창조력일 것이다. 주자는 이정 형제의 사상을 날줄로 삼고, 주렴계와 장횡거의 철학을 씨줄로 삼아 거대한 이학의 체계를 짰다. 그리고 위로는 공자, 맹자에 거슬러 오르고 옆으로는 불가와 도가에까지 미쳐 유가의 새로운 사상과 방법을 완성하였던 것이다. 이러한 능력을 두고 어떤 이는 주자를 칸트에 비유하기도 한다. 칸트가 없었다면 서양 근세철학의 방향이 바뀌었을 것과 마찬가지로, 주자가 없었다면 송나라, 원나라, 명나라, 청나라의 사상 또한 중심이 없었을 것이라는 뜻이다. 그만큼 중국철학사에 있어서 가장 체계적이고 가장 큰 영향력을 끼친 사람이 바로 주자였다.

# 지식인가 마음인가, 심학과 양명학

## 육상산, 천지의 끝은 어디인가?

육상산(陸象山)의 이름은 구연(九淵)이고, 중국 무주의 금계(강서성 임천현 동쪽) 사람으로서 송나라 고종 때에 태어났다. 구연은 6형제 가운데 막내였으며, 넷째 형 구소와 다섯째 형 구령은 모두 당대의 유명한 학자였다.

그가 4세 때에 아버지에게 "천지의 끝은 어디예요?"라고 물었는데, 아버지는 빙그레 웃기만 할 뿐 대답하지 않았다. 이에 더욱 궁금해진 구연은 하루 종일 사색에 잠겨 밥 먹는 것도, 잠자는 것도 잊고 말았다고 한다.

그로부터 9년 후 구연은 그 물음에 대한 해답을 찾을 수 있었다. '우주는 곧 나의 마음이고, 나의 마음이 곧 우주다.'라는 깨달음에 도달한 것이다. 이렇듯 놀랄만한 창조적 깨우침은 훗날 모든 심학(心學)의 발전에 튼튼한 기초가 되었다.

구연은 비록 사색을 즐기긴 했으나 호걸다운 기품 또한 갖추고 있었다. 16세 때 위진 육조(魏晉 六朝)의 역사를 읽고 오랑캐의 침략에 대해 이를 갈며 분통을 터뜨린 것이나, 정(靖), 당(唐) 두 임금이 포로가 되었다는 고사를 읽고는 분개하여 손톱을 짧게 깎고 말 타기와 활쏘기를 익혔다는 이야기는 모두 그의 격렬한 기질을 보여주는 대목이다.

당시 이학은 유가의 도통 승계를 자임하여 어느덧 시대를 주름잡는 지배적인 정신이 되어 있었다. 이러한 때 구연은 이학의 지나친 번잡과 자질구레함을 비판하고 오직 하나의 마음, 즉 심학으로 돌아갈 것을 주창함으로써 당시의 사상계를 진동시켰다.

그렇다면 육구연이 말한 심학과 이학은 어떻게 다른가? 먼저 육구연은 심즉리(心卽理)의 학설을 세웠다. 이에 따르면 세상의 이치가 모두 내 마음속에 갖추어져 있기 때문에 마음이 곧 유일한 실재다. 우주가 곧 내 마음이고, 내 마음이 곧 우주다. 그러므로 사서오경을 연구하는 등의 격물치지(格物致知)는 필요치 않으며, 오직 본심으로 돌아가는 공부만으로 충분하다. 말하자면 '천지 만물과 한몸이 되는 경지'를 추구한 정명도의 철학을 계승하고 있는 셈이다.

당시 주자는 구연보다 아홉 살이 많은 손위였다. 여동래의 소개로 주자를 만난 구연은 아호사에서 그와 논쟁을 벌인 적이 있었다. 비록 두 사람 사이에 뚜렷한 결론을 내지는 못했으나, 주자는 구연의 남다른 기백에 대해서 칭찬을 아끼지 않았다고 한다. 그리하여 두 사람이 만난 이후 6년이 지난 때에 주자는 백록동 서원으로 구연을 초청하여 강의를 해주도록 요청하였고, 이 강연의 요점을 돌 위에 새겨 학생들의 좌우명으로 삼도록 하였던 것이다.

육구연은 국학의 교수 등을 역임한 후 집으로 돌아가 독서와 강의에 전념하였다. 그는 귀계의 서남쪽에 있는 옹천산 위에 집을 짓고 이를 강의하는 장소로 삼았다. 그런데 산의 모습이 마치 코끼리와 흡사했기 때문에 구연은 상산(象山)으로 자기 이름을 바꾸었다.

상산은 주자의 태극과 이기를 묶어 하나의 이(理)로 통일하였다. 그리고 이것을 매개로 삼아 우주와 인심(人心)을 서로 소통케 하였다. 즉, 우주는 나의 마음이고 나의 마음에는 이가 갖추어져 있으므로, 이는 결국 우주에 꽉 차 있는 셈이 된다. 결국 심(心)은 우리의 본체고, 이는 우리의 그림자인즉, 모든 만물의 이는 모든 심의 투영일 뿐이다. 그러므로 오늘 하나의 사물을 궁리하고 내일 또 다른 사물을 계속 궁리해가는 것은 자신의 그림자를 따라 달려가는 것과 같다. 즉, 그 추구함이 조급하면 조급할수록 그림자의 도망침도 그만큼 빨라져 결국에는 스스로를 지치게 할 뿐, 자신이 그림자의 주인임을 잊고 마는 것이다.

이러한 연유로 상산은 웅천산에서 강의할 때에도 주자가 백록동 서원에서 하던 것처럼 많은 교육조항을 정하지 않았다. 그는 담담히 학생들에게 말하기를, "도는 결코 사람을 멀리하지 아니하거늘, 다만 사람이 도를 떠날 뿐이다. 너희가 산 위에 머물면서 헛되이 산봉우리만 대하고 시간을 낭비해서는 안 되며, 자기 자신을 잘 닦고 반성해야 한다."라고 하였다.

## 왕양명, 대나무는 여전히 그 자리에

육상산이 세상을 떠난 지 300여 년 만에 한 철인(哲人)이 나타나 그와 마음을 같이하여 세상에 이름을 널리 펼쳤으니, 이 사람이 바로 왕양명(王陽明)이었다. 왕양명의 이름은 수인(守仁)이며, 스스로 양명자(陽明子)라 하였다. 그래서 모든 사람이 그를 양명 선생이라 불렀다.

여기에서 양명학이 등장하게 된 시대적 배경을 살펴보자. 금나라가 세워진 후 한족은 박해를 피하여 대거 남쪽으로 이동하여 강남지역에서 살게 된다. 그러나 이들에 대한 수탈은 원나라 때에도 계속되어 결국 농민 봉기가 일어나니 이의 토대는 바로 백련교(白蓮敎)였다.

백련교는 한족의 민족의식을 자극하여 농민들의 항몽정신을 일깨웠다. 이때 백련교의 우두머리였던 주원장(朱元璋)이 강남에서 명 왕조를 건국하여 북쪽의 원나라를 정벌하고 중국을 통일하게 된다(1368년). 명나라는 원나라 때의 제도를 전면적으로 개혁하기 시작하였는데, 이 과정에서 성리학이 국가이념으로 등장하게 된다.

3대 영락제 때에 명나라의 국력은 크게 신장된다. 영락제는 본래 주원장의 넷째 아들이었는데, 조카를 밀어내고 제위에 오른 인물이다. 이 반란을 '정난(靖難)의 변(變)'이라 부른다. 그런데 이 반란이 성공하는 데 가장 중요한 역할을 한 존재가 환관들이었기 때문에 이후 이들이 권력의 중심에 서게 된다.

어떻든 영락제는 몽골족에 대한 토벌을 단행하면서 수도를 북경으로 옮기고 남쪽으로는 정화(鄭和)의 남해 원정을 통하여 인도차이나 방면으로 그 세력을 넓혀나갔다.

그렇다면 어떤 배경에서 원정이 이루어졌을까? 본래 한족의 지배질서는 농업사회를 기반으로 한 성리학 사회에 적합한 것이었다. 이 과정에서 동서를 통합하는 제국 체제를 버리고 명나라 중심의 고립정책을 채택하였다. 무역 역시 민간 교역은 금지

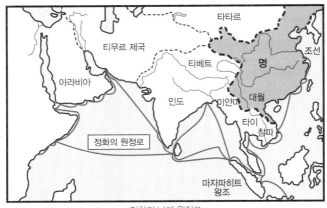

정화의 남해 원정로

되고 정부가 교역을 장악하는 감합(勘合)무역 행태를 취하였지만, 그렇다고 상호 무역을 통해 얻을 수 있는 이익을 포기할 수도 없었다. 그래서 정화는 인도차이나 반도를 돌아 인도와 아라비아 반도를 거쳐 아프리카 동안(東岸)에 이르기까지 장거리 원정을 할 수밖에 없었다.

이렇게 정부가 대외무역을 장악하자 복건(福建), 광동(廣東) 등지에서 민간 무역에 종사하던 사람들이 동남아시아로 옮겨와 중국과의 밀무역을 계속하였다. 이로 인하여 화교들이 동남아시아의 중요한 위치를 차지하게 된다.

명나라 태조는 한·당 대의 제도를 모델로 개혁을 추진했다. 또 성리학을 중심으로 사상을 정립하였을 뿐 아니라 나아가 성리학이 관학으로까지 자리 잡게 했다. 그러나 시대가 농업 중심에서 상공업 중심으로 넘어가자 명분과 이상을 추구하고 도덕을 강조하는 성리학만으로 이념체계를 구축한다는 것은 많은 한계가 있었다. 이러한 때 현실 사회에 보다 적극적으로 대처하려는 양명학이 등장했던 것이다.

왕양명은 명나라 헌종 때에 중국 절강성 소흥부 여요현의 서운루에서 태어났다. 원래 이름은 운(雲)이었으나, 5세가 되도록 말을 하지 못하자 그의 할아버지가 수인(守仁)으로 이름을 바꾸었다. 양명은 명필로 유명한 왕희지(王羲之)의 후예였으며, 아버지 화(華)는 진사시험에 장원급제하여 남경이부상서라는 벼슬을 지내기도 하였다.

양명은 주자의 학문을 갈고 닦으면서, 격물공부에 대하여 큰 흥미를 느꼈다. 어느 날 친구와 함께 뜰 앞의 대나무를 마주하고 격물을 시작하였다. 둘은 하루 종일 대나무를 마주보고 깊은 생각에 잠겼다. 그러나 결국 아무것도 얻지 못한 채 친구는 3일 만에 병이 나 누워버렸고, 양명 자신도 7일 만에 눕고 말았다. 그런데도 대나무는 아무 일도 없었다는 듯 그 자리에 그대로 서 있었다. 대나무는 역시 대나무였고 그는 그일 뿐이었다. 이에 양명은 학문을 버리고 산에 들어가 도나 닦아야겠다고 맘을 먹었다. 그가 산에 들어가려는 데에는 과거시험에 여러 차례 낙방한 데다 때마침 걸린 폐병을 양생법으로 치료하기 위해서였다는 말도 있다.

문장과 무예에 두루 능하였던 양명은 도적떼를 토벌하고 반란군을 진압하는 데에도 큰 공을 세웠다. 그러나 난을 평정하는 동안 그의 기력은 모두 소모되고 말았다. 날 때부터 선병질(腺病質)인 데다 학문과 사색을 좋아하였기 때문에 신체가 더욱 허약해져 결국 각혈병(咯血病)을 얻고 말았다. 도저히 회복될 기미가 보이지 않을 때 어떤 제자가 찾아와, "선생님, 무슨 유언이라도 남길 말씀이 없으십니까?"라고 물었다. 이에 그는 눈을 깜박거리며, "마음이 밝으니 무슨 할 말이 더 있겠는가?"라고 대답하고는 영원히 눈을 감았다.

도가 철학자들은 '도'로 세계를 설명하고, 또한 그것으로 우주의 통일성을 이해하려 한다. 또 정주학자들은 '이'를 우주적 통일성의 실체로 삼는다. 이와는 달리 육상산이나 왕양명 같은 심학자들은 심(心)으로 우주를 설명하려 든다. 한번은 여행을 함께하던 친구가 낭떠러지에 있는 꽃나무를 가리키며 양명에게 물었다.

"자네는 마음 밖에 어떤 사물도 없다고 했는데, 저 꽃나무는 저절로 홀로 피었다가 저절로 떨어지곤 하지 않는가?"

이에 왕양명은 대답하였다.

"아닐세. 자네가 저 꽃을 보지 않았을 때에는 저 꽃과 자네의 마음 모두가 다 고요했었지. 그러다가 자네가 저 꽃을 보는 순

간, 저 꽃의 색깔이 자네 마음속에 또렷해지지 않았는가? 이것
으로 저 꽃이 자네의 마음 밖에 있지 않다는 사실을 알았을 것
이네."

　양명은 밖에 있는 사물을 자신의 마음속으로 끌어들여 존재
의 의미를 부여하고자 하였다. 다시 말하면 인간의 주관적 관
념으로 객관적 세계를 구성함으로써 천지 만물, 삼라만상이
사람의 주관에 의해서 존재한다는 것을 증명하려 했던 것이
다. 이러한 왕양명의 심학은 전형적인 관념론으로 주관적 관
념론 또는 유아론(唯我論＝독아론, 獨我論)이라 부르기도 한다.

제2부
인도철학

# 정통인가 비정통인가, 인도의 고대철학

인도는 지리적으로 눈 덮인 북쪽의 히말라야로부터 거대한 강을 낀 평야[6], 그리고 남부의 열대성 혹서권(酷暑圈)에 속하는 여러 계절지대를 포함하고 있다.

사상적으로는 오래전부터 인류의 심오한 철학 정신을 발생시킨 나라다. 넓은 국토와 많은 인구, 다양한 언어, 여러 종류의 문화 및 수많은 종교의 발생지로 3,000~4,000년의 역사를 지닌 이 나라는 가장 오래된 인간 문화의 요람인 것이다.

인도 철학은 크게 정통과 비정통으로 나뉜다. 정통(아스티카)은 '베다(Veda)의 권위를 믿는 자' 또는 '죽음 이후의 또 다른 삶을 믿는 자'를 의미하고, 비정통(나스티카)은 그와 반대되는 뜻을 의미한다. 정통에 속하는 철학 체계로는 미맘사, 베단타, 상키야, 요가, 니야야, 바이셰시카의 6가지다. 비정통 학파로는 유물론과 불교, 자이나교 3가지가 있는데, 이들은 모두 베다의 권위를 부정한다.

인도 철학의 특징은 첫째, 실천적 동기를 들 수 있다. 어떻게 하면 현재의 삶을 최선으로 이끌 수 있는가를 알기 위하여 인도인들은 철학을 한다. 둘째, 현실적 삶의 괴로움에서 벗어나는 것을 목표로 삼는다. 셋째, 영원불변의 도덕법칙에 대한 확신을 갖고 있다. 넷째, 우주를 완벽한 도덕적 상태로 간주한다. 다섯째, 무지로부터의 탈출을 주장한다. 무지가 고통의 원인인 반면, 지혜는 해탈의 핵심이 된다고 여기기 때문이다. 여섯째, 진리에 대한 명상을 강조한다. 일곱째, 자기 절제가 필요하다고 말한다.

인도에서 처음 문명이 발생한 시기는 기원전 3000년 무렵 인더스 강변이었을 것으로 추측된다. 그러나 남태평양의 섬 지역 사람들이 정착하여 만들어낸 이 문명은 기원전 16세기경 몰락하고 만다. 그 뒤를 이어 인도는 아리아(arya, 인도 게르만어족에 속하는 민족을 통틀어 부름)족에 의해 장악된다. 아리아족은 유럽에서 옮겨왔다는 설과 히말라야 산록 지대나 갠지스 강 유역에서 이주해왔다는 설이 있다. 이 가운데 대부분 전자를 지지하는데, 유목민 생활을 하던 아리아족의 인구가 증가하자 그들은 새

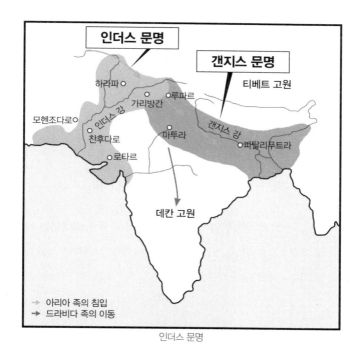

인더스 문명

로운 목초지를 찾아 동쪽으로 이주했고 그 과정에서 인도에 침입하게 되었다는 것이다.

아리아족은 용감했을 뿐만 아니라 놀랍게도 당시에 벌써 전차를 사용하였다. 다시 말해 체구도 작고 농경생활에만 익숙했던 드라비다족으로서는 상대하기 힘들었던 것이다. 결국 드라비다족은 인도의 남쪽으로 옮겨가고 문화의 중심지는 아리아족이 차지하게 되었다.

인도의 역사를 나누어보면, 제1기는 고대 베다 또는 찬미가의 시대로서 기원전 1500여 년에서 1000여 년까지고, 제2기는 봉헌 신비주의 시대로서 기원전 1000여 년에서 700여 년까지다. 그리고 제3기는 우파니샤드 시기로서 기원전 700여 년에서 500여 년까지다.

## 신들에 대한 찬양, 고대 베다 또는 찬미가의 시대

아리아족의 인도침입과 그 후 그들의 생활상에 대해서는 베다를 통해 알 수 있다. 그래서 이 시대를 '베다 시대'라 부르는데, 베다는 '지식'이란 뜻으로, 아리아족의 문학적 성전(聖典)이자 그들 종교인 브라만교의 경전이기도 하다.

베다 가운데 가장 중요한 것은 인류가 지닌 가장 오래된 문학적 금자탑 중 하나인 리그베다다. 여기에 있는 찬미가는 당시 아리아인들의 인생관을 가감 없이 전해주고 있다. 전투적인 농업민족이었으며 특히 목축에 종사하던 그들로서는 도시를 세우거나 항해술에 관한 지식을 갖지는 못하였지만, 대장간, 도공(陶工), 목공 또는 직조술(織組術)을 발전시켰다.

상고 시대에 신으로 받들어진 것은 자연의 힘이나 원소 등이었다. 즉, 아리아인들도 다른 민족과 마찬가지로 하늘과 땅, 불과 물, 빛과 바람 등이 사람과 똑같이 살고 말하고 행동하며, 또한 일정한 운명을 달게 받아들여야만 하는 인격체로 생각하였던 것이다. 그리하여, 리그베다 속에는 불의 신 아그니(Agni)나 뇌우의 신 인드라(Indra), 또는 태양의 신 비슈누(Visunu) 같은 여러 신을 위한 찬미가가 들어 있을 뿐 아니라, 가축을 늘려줄 것과 수확을 풍성하게 해줄 것 그리고 병에 걸리지 않고 오래 사는 일을 기원하는 기도문도 함께 들어 있다.

그런데 이들의 철학적 사유는 세계의 근원을 찾아내려는 뜨거운 염원과 함께 창조에 대한 극단적 의심, 즉 여러 신에 대한 회의로부터 시작되었다. 고대 인도인들은 신들 역시 하나의 피조물에 불과함을 지적한다. 여기서 우리는 초기 베다종교가 무너지는 장면을 보게 된다.

"인드라에게 진실한 찬송을 보내도록 하자! 그러나 누가 인드라를 본 일이 있단 말인가?"

그리고 뒤를 이어 성숙된 인도정신이 등장한다. 다음의 봉헌 신비주의 시대는 인도정신의 발전단계에 있어 최고의 전성기에 해당한다.

## 카스트 계급제도의 태동, 봉헌 신비주의 시대

이때는 아리아족이 그들의 통치영역을 동쪽의 갠지스-델타 지역으로까지 확장시키면서 다른 인종으로 구성된 그곳 주민들에 대하여 지배계층으로 군림했던 시기다. 그런데 당시의 아리아족은 신정정치를 시행하고 있었기 때문에 권력은 종교를 장악한 사제(司祭)들로부터 나왔다. 가령 치열한 투쟁 끝에 왕위를 계승한 귀족은 사제의 성스러운 의식을 통하여 정통성을 보장받았기 때문에 사제계급인 브라만(Brahman)들은 왕과 동등하거나 그 이상의 권력을 갖게 되었던 것이다.

인도를 힌두교도 국가로서의 모습으로 결정지은 사회 기구는 바로 이때 만들어졌다. 이 가운데 매우 엄격한 카스트 계급제도는 승려로 구성된 브라만의 지위를 특권층으로 올려놓았다. 원래 카스트 제도를 만들게 된 동기는 원주민보다 수적으로 열세였던 아리아의 지배계급과 원주민을 분명하게 나눠놓음으로써 원주민과의 혼합으로 인한 멸망의 길을 밟지 않으려는 데 있었다. 때문에 처음에는 인종적 특징으로 계급을 구분했었는데, 역사가 이어지는 동안 혼혈이 이루어지자 인종적 구분은 사라지고 대신 직업에 따른 구분이 생겨났다.

카스트 제도의 최고 계급은 승려들로 이루어진 브라만이고, 다음은 왕후와 국왕 및 장군으로 구성된 크샤트리아(Ksatriya), 상인(商人) 등과 같은 자유인인 바이샤(vaisya)다. 그리고 이들보다 아래에 있는 것이 수드라(Sudra)고, 다시 그 밑에는 신분 등외의 계급인 파리아스(Parias)나 추방당한 자, 개종하지 않은 토착인, 전쟁포로와 노예가 있다. 그리고 각 계급은 직업에 따라

다시 수천, 수만의 계급으로 나누어졌다. 아리아족은 제3계급인 바이샤까지 분포되었고, 피정복민들은 주로 제4계급인 수드라에 편입되었다.

그렇다면 인도사회에서 카스트 제도가 엄격하게 유지될 수 있었던 까닭은 무엇일까? 첫째 각 계급은 순수성을 지킨다는 목적으로 직업과 신분이 다른 사람과는 결혼이나 교류를 하지 않았기 때문이다. 둘째 윤회나 업(業) 사상을 통하여 개인의 구제는 자신이 소속된 신분이나 직업에 최선을 다할 때에만 가능하다는 의식에 사로잡혀 있었기 때문이다.

오늘날 인도의 가장 심각한 사회문제인 카스트 제도를 해결하기 위하여 마하트마 간디(Mahatma Gandhi)도 각별한 노력을 기울였음은 우리가 이미 다 아는 바다. 하지만 1951년, 인도 공화국이 선포되면서 법적으로 카스트 제도가 사라졌음에도 불구하고 현실에서는 여전히 존재하고 있다. 그리고 이것은 인도 발전에 커다란 장애요인으로 작용하고 있다.

어떻든 고대 베다 시대에 크샤트리아가 지도적 위치에 설 수 있었던 것은 전쟁 위주의 사회체제에서 당연한 일이었다. 그러나 점차 농업과 산업에 종사하는 안정된 사회체제로 바뀌면서 초자연적인 힘에 영향을 줄 수 있는 (신에 대한) 기도나 봉헌의 중요성이 점점 커지게 되었다. 그리하여 신적인 힘과 교류할 수 있는 브라만의 위치가 급격히 올라간 것이다.

그리하여 브라만에 속하는 승려는 모든 중요한 행사에 없어서는 안 될 매개자가 되었다. 왜냐하면 전쟁을 처음 시작할 때나 평화조약을 맺을 때, 나라의 왕으로 즉위하거나 왕자가 태어날 때, 그들이 결혼하거나 죽을 때 승려가 치르는 제단봉헌에 의하여 행운이냐 불행이냐의 운명이 결정되었기 때문이다.

이와 동시에 그들은 모든 고등교육기관이나 그 수단마저 손에 넣어버렸다. 브라만 승려는 일반 사람들이 잘 알지 못하게 제사의 의식절차를 자주 바꾸어가면서, 제사의 효과를 높이거나 혹은 물거품으로 만들어버릴 수 있었다. 이 때문에 누구든지 이들에게 의지하려는 사람은 그들을 공경하거나 그들에게 푸짐한 선물을 바칠 수밖에 없었고, 이런 가운데 브라만 승려들이 누리는 권력은 날로 커져만 갔던 것이다.

여기에서 한 가지 지적해야 할 것은 힌두 사상의 두 가지 핵심개념인 브라만(梵天, 우주만물을 다스리는 신)과 아트만(ātman, '나'를 의미)에 관해서다. 즉, 외부 세계의 브라만과 내적 세계의 아트만이 이 시기에 점차로 윤곽을 드러내면서 동시에 철학적 관심의 전면에까지 등장하였다는 사실이다.


**인생은 고통이다, 우파니샤드 시대**

승려들을 위한 브라만 법전이나 해설서는 끊임없이 사색에 열중하던 대다수 인도인의 정신을 만족시킬 수 없었다. 아리아 족의 종교생활은 무엇보다 희생제물을 바치는 것이 강조되었으며, 또한 제물을 바칠 때 주문을 외우는 의식을 통해 인간은 대대로 복을 누릴 수 있다고 믿었다. 그리고 승려들은 이러한 제사의식을 더 복잡하고 정교하게 만들어 스스로의 권위를 높였고, 그들의 횡포는 날로 심해졌다. 이러한 상황에서 브라만의 형식주의에서 벗어나고자 하는 움직임이 일어났는데, 그것이 바로 우파니샤드(Uphanishad) 철학이다. 세계 배후에서 작동하는 궁극적인 진리를 탐구하고 권위로부터 개인을 해방시키려는 과정 속에서 범아일여(梵我一如)[17] 사상이 나타났던 것이다.

이리하여 마침내 북부 삼림지대에 살던 예언자와 수도자들의 탐구와 사색에 의하여 우파니샤드가 창조되었다. 우파니샤드의 저자가 누구인지 알려진 것은 없고, 다만 가르기라는 한 부인과 야그나발키아라는 사람을 저자로 추측하고 있다.

우파니샤드의 근본 입장은 매우 염세적(厭世的)이다. 그것은 고대 베다 시대의 찬미가 속에 나타난 차안(此岸, 이 세상)에 치우친 마음과는 극단적으로 대조를 이루고 있다.

"뼈와 가죽과 힘줄과 골수와 살과 종자와 피와 점액과 눈물과 눈곱과 대소변과 담즙으로 이루어진 악취를 풍기는, 핵(核)도 없는 몸집을 가지고 우리가 과연 어떤 기쁨을 누리며 살아갈 수가 있단 말입니까?"

물론 모든 존재를 고통과 번뇌에 가득 찬 것으로 보려는 입장이야말로 인도 사상의 기본핵심이다. 그러나 초창기에 나타났던 삶에 대한 낙천적 태도가 어떻게 이처럼 비관적으로 변화되었는지 우리로서는 알 수 없다. 그것이 몸과 마음을 무기력하게 만드는 열대성기후 때문인지, 아니면 보다 성숙된 인간의 정신에 나타나는 무상(無常)에 대한 초연함 때문인지 알지 못한다. 다만 인도인들의 내향적인 성향이 외부 세계의 모든 것을 가볍게 여기도록 했으리라 추측할 수 있을 뿐이다.

그런데 우파니샤드의 형이상학적인 주장은 그 논리가 너무 어려워 대중성을 확보하는 데에는 실패하고 말았다. 다만 자이나교와 불교가 등장할 수 있는 바탕을 마련했다는 점에서 그 의의를 찾을 수 있다.

## 신과 인간은 동일하다, 브라만과 아트만

우파니샤드의 주요 사상은 브라만과 아트만의 교리, 그리고 윤회와 구제의 개념에 잘 드러나 있다. 원래 기도나 신성한 깨달음이라는 뜻을 가진 브라만은 '우주 만물을 다스리는 신'이라는 의미를 거쳐 '일반적인 창조적 세계의 원리'로 말뜻이 바뀌었다. 다시 말하면, 모든 사물의 근본 원천이라는 의미가 된 것이다.

이에 대해, 본래 입김이나 호흡을 뜻하는 아트만이란 말은 '본질'이나 '독자적인 자아'라는 의미로 바뀌었다. 가령 겉으로 드러난 한 인간으로부터 육체의 껍질을 벗겨버리면 활력적인 정신만이 남는다. 여기로부터 다시 사유나 의욕, 감정이나 욕망 따위를 제거해버리면 내면적 핵심이 남게 되는데, 이것이 바로 아트만이라는 것이다.

그런데 우파니샤드에 따르면, 지금까지 말한 우주적 본체로서의 브라만과 현상적인 개인으로서의 아트만은 결국 하나다. 즉, 범아일체(梵我一體)라는 말이다. 우주 전체는 브라만이지만 아트만이기도 하다. 이슬람이나 고대 유대교와 같은 셈족의 종교에서는 신이 주인이고, 인간은 어디까지나 그의 사자나 종으로 나타날 뿐이었다. 이에 비하여, 인도 아리아의 종교에서는 둘 사이에 차이가 없으며 본질적으로는 동일하다.

그리고 아트만에 의해서만 브라만이 밝혀질 수 있다. 그러나 내면세계의 몰입(아트만)을 통해서만 세계의 본질(브라만)이 밝혀질 수 있다면, 밖의 현실에 대해 인식하는 일은 아무런 가치도 없는 일이 되고 만다. 그렇다면 우리를 둘러싼 현실은 도대체 무엇이란 말인가?

우파니샤드에 의하면, 그것은 참된 본질 즉 아트만이 아니고, 단지 허상, 가식, 환상 이른바 마야(Maya)에 지나지 않는다. 그러므로 우리는 이러한 여러 가지 현상에 집착할 것이 아니라 오직 하나의 진리를 인식하는 일에 전념해야 한다. 그리고 이 일을 위해서 우리는 외부세계에 대한 모든 관심이나 욕망을 뿌리치고 금식이나 절대안정, 침묵 그리고 철저한 정신통일과 자아극복을 통하여 거짓된 마야의 껍데기를 벗어던져야 한다. 이러한 경지는 우리의 일생을 바치다시피 하는 각고의 노력 끝에야 도달할 수 있지만 말이다.

## 고통스러운 윤회에서 벗어나자, 윤회와 해탈

죽은 후의 인간은 어떻게 될까? 야그나발키아가 주장한 윤회(輪廻) 사상에 의하면, "마치 유충이 잎사귀의 끝까지 기어올라가면 다시 또 하나의 잎사귀에 달라붙어 그쪽으로 넘어가고 말듯이, 영혼이란 것도 현재의 육체를 뿌리치고 무지마저 떨쳐버리면 또 다른 시초(처음)를 향해 움직임으로써 마침내 그 편으로 아예 옮겨버리고 만다."

그리고 내세의 운명은 그가 현세의 삶을 어떻게 살아왔는가에 따라서 좌우된다. 선을 행한 자는 선인(善人)으로 태어날 것이고, 악을 행한 자는 악인(惡人)으로 태어날 것이다. 그러나 모든 인간은 끝없는 윤회로부터 벗어나야 한다. 왜냐하면 그것은 참으로 고통스러운 일이기 때문이다. 그러므로 우리는 죽음과 부활이라고 하는 끊임없는 순환 상태로부터 벗어나야 하는데,

이것은 해탈을 통해서만 이룰 수 있다.

그렇다면 우리는 어떻게 하여 해탈에 도달할 수 있는가? 이를 위해서 우리는 모든 탐욕을 버리고 끓어오르는 욕망을 극복해야 한다. 여기에 또한 지식과 달관이 곁들여져야 하는데, 오직 무상의 의미를 깨달은 자만이 그러한 경지에 들어설 수 있다. 그리고 여기서 말하는 지식이란 다름 아닌 아트만과 하나가 됨을 뜻한다.

# 물질인가 정신인가, 불교철학 이전의 시대

우파니샤드가 나타나기까지의 베다 시대는 브라만 교의가 모든 철학적 사유의 배경을 이루고 있었다. 그러나 많은 사람의 입을 통해서 비판의 소리가 높아지기 시작했다. 그 가운데에서도 독자적인 체계로 발전한 유물론적 방향과 마하비라 및 석가모니 사상 같은 새로운 종교적 경향이 두드러졌다.

## 유물론, 인간의 정신도 물질의 작용이다

하르바카스(또는 차르바카)라고 하는 사람 이외에 몇몇 사상가들이 중심이 되었던 유물론학파는, "물질만이 이 세상에 존재하는 것들 가운데 가장 근본적이고 원초적이므로, 심지어 인간의 정신적인 작용(사고, 추리, 기억 등)마저도 물질의 작용이다."라고 주장한다. 그러므로 그들에게는 아트만에 대한 이론도 기만(속임수)일 뿐이며, 흔히 영혼이라 부르는 것은 존재하지도 않는다. 이 세상에는 네 가지 원소(공기, 불, 물, 흙)의 형태를 가진 물질만이 존재할 뿐이다.

물론 인간에게 의식이 존재하긴 하지만, 따지고 보면 의식의 속성이란 것도 물질로 이루어진 육체일 뿐이다. 우리는 물질 자체에 의식이 없다고 하여 그것들이 결합된 어떤 새로운 물체에도 의식이 없다고 생각해서는 안 된다. 예컨대, 구장(후추과의 식물)의 잎과 열매와 과일을 함께 씹어 원래 구성성분에는 없었던 붉은색을 얻을 수도 있고, 당밀(糖蜜)을 발효시켜 원래 그 속에는 없던 취기를 느끼게 하는 성분을 얻을 수도 있다. 마찬가지로 물질의 요소들이 특별한 방법으로 결합함으로써 의식을 지닌 생명체가 나타나게 되었고, 이 의식은 육체 가운데 머물다가 결국 육체의 소멸과 더불어 없어진다. 이것을 인간에게 적용해 보면, 여러 가지 육체 기관들이 따로따로일 때에는 한갓 물질에 지나지 않았으나 이것들이 모여 한 몸을 이루었을 때에 영혼이라고 하는 독특한 존재가 생겨났다는 말이 된다. 때문에 영혼은 육체의 죽음과 더불어 없어지고 만다.

이 세계는 신에 의해서 창조된 것이 아니라 물질적 요소들의 자동적인 결합으로 만들어졌을 뿐이다. 그러므로 사후 세계 역시 존재하지 않으며, 신이 존재한다는 주장 역시 증명된 사실이 아니라 하나의 신화일 뿐이다. 결국 현명한 사람에게 최고의 목표는 이 세상을 살아가는 데 가능한 한 가장 높은 쾌락을 누리는 일이다. 어떤 유물론자가 임금에게 올린 말 가운데 다음과 같은 내용이 있다.

"라마 왕자시여, 피안(저 건너편)의 세계란 존재하지도 않으며, 희망이나 믿음이란 것도 헛된 것입니다. 오직 지금 당신의 삶을 즐길 뿐, 덧없이 현혹하는 모든 것들을 멸시하십시오!"

앞서 등장한 하르바카스는 이렇게 말하고 있다.

"향락에는 반드시 고통이 함께 따르게 마련이다. 그렇다고 이를 멀리하려는 사람들은 참으로 어리석다. 희고 통통한 쌀알에 작은 껍질이 씌어 있다고 해서 이를 마다할 필요가 있는가? 껍질 때문에 과일의 속살을 거부하고, 일하는 가축이 불쌍하여 봄에 씨 뿌리기를 그만두어서야 되겠는가? 할 수만 있으면 고통의 시간을 줄여나가면서 현재의 삶 속에서 쾌락을 즐기는 데 최선을 다해야 한다."

이러한 이론은 많은 추종자를 키워내었다. 많은 청강생이 그의 강의를 들었는데, 이들을 모두 수용할 만한 거대한 건물까지 마련했다고 한다.

## 자이나교, 먼지 속에도 영혼이 들어 있다

자이나교(Jaina教)의 기원은 선사 시대까지 거슬러 올라간다. 자이나학파는 네 가지 요소(공기, 불, 물, 흙)로 이루어진 물질적 실체가 실제로 존재한다는 것은 인정한다. 그리고 추론을 통하여 공간과 시간이 존재하는 것을, 운동과 정지라는 두 가지 원인을 믿게 만든다는 것도 인정한다. 그러나 이것만이 세계의 전부는 아니다. 우리의 지각은 모든 생명체에 자아(영혼)가 존재한다는 사실을 증명한다. 가령 우리는 오렌지가 가진 색깔, 형태, 냄새 같은 특성을 지각할 때 오렌지가 존재함을 알게 된다. 이와 마찬가지로 쾌락이나 고통 또는 자아의 다른 성질을 마음속으로 알아차릴 때 우리는 자아의 실체를 인정한다.

이렇게 보자면 의식이 물질의 산물이라고 말할 수는 없다. 육체와 각 기관들을 조절하는 의식적 실체가 우리 가운데 없다면, 육체와 각 기관들이 체계적으로 활동할 수는 없기 때문이다. 따라서 우주에는 생명체의 수만큼이나 많은 자아(영혼)가 존재한다. 동물뿐만 아니라 식물, 심지어 먼지 속에도 자아가 존재한다. 먼지 또는 생명이 없는 사물들 속에도 미생물과 같은 미세한 생명체가 존재한다는 사실은 현대 과학에서도 인정하고 있다.

이에 따라 자이나교도들은 살생을 금하고 있었기 때문에 동물을 죽이거나 공물(供物)로 이용해서는 안 되었다. 심지어 음료수 속에 벌레가 들어 있으면 입으로 불어가면서 마셔야지 절대로 잡아서는 안 된다. 또 숨결에라도 벌레를 들이마시면 안 되므로 언제나 얼굴을 가리는 안면포를 걸쳐야 했고, 자기의 발이 생명체를 밟아 죽여서는 안 되기 때문에 걸어가기 전에 미리 땅바닥을 깨끗이 쓸어내야 했다.

이들은 한걸음 더 나아가 광물(鑛物)도 성장할 능력이 있고 공기와 불에도 영혼이 있다고 주장했다. 그리하여 벌레를 죽여야 하고 농작물을 베어 거두어야 하는 농민이나 불을 사용하고 뾰족한 연장을 다루는 장인(匠人)은 자이나교도로 받아들일 수 없었다. 결국 살생의 위험이 상대적으로 적은 상인(商人) 계층에서 자이나교를 많이 받아들였지만, 그 역시 매우 제한적이었다.

이밖에 자이나교도들은 진실할 것, 재산을 갖지 말 것, 예물을 받지 말 것, 금욕생활을 할 것 등 계율을 철저히 지켜야 했다. 또 금욕과 고행을 매우 중요하게 여겨 단식을 통해 죽음에 이르는 것을 가장 성스러운 행위라고 찬양하였다. 그러나 지나치게 이상적인 자이나교의 교리는 다양하게 변하거나 약화되었으며, 나아가 원래의 뜻과는 전혀 다르게 왜곡되기도 하였다.

사실 자이나교는 창시자부터 상식과는 동떨어진 행동을 취했었다. 자이나교의 창시자로 알려진 마하비라는 기원전

599(혹은 549)년에 부유한 귀족가문에서 태어났다. 그의 부모는 죽음 후에 영원히 사는 것을 오히려 저주스럽게 여기고 자살을 허용하는 종파에 속해 있었으며, 자살을 바람직하다고 보는 교리에 따라 스스로 굶어 죽고 말았다. 이 같은 일을 보아온 마하비라는 세상의 모든 기쁨을 포기하고 금욕주의자로서 일생을 보냈다. 그리고 72년 동안의 방랑생활을 끝맺으면서 마침내 하나의 종교를 창시하였다.

대중 속으로 뿌리를 내리지 못한 교리는 소수의 정예분자를 통해서만 그 명맥이 이어지고 있었다. 그러나 오늘날에는 신자의 수가 300만 명에 이른다는 보고도 있다. 자이나교의 영향력은 간디에게서도 나타나는데, 그는 모든 생명체에 대한 무저항을 가르친 '아힘사(ahimsa)의 이론'[18]을 평소 생활과 정치활동의 신조로 삼기도 하였다.

## 힌두교, 육식을 금지하다

힌두교는 인도교(印度敎)라고도 한다. 힌두(Hindū)라는 말 자체가 인더스 강에 대한 산스크리트어의 이름 '신두(Sindhu, 큰 강)'에서 유래한 것으로, 인도와 똑같은 어원을 갖고 있기 때문이다.

이러한 관점에서는 기원전 2500년 무렵의 인더스 문명에까지 그 기원을 거슬러 올라갈 수 있으며, 아리안족의 침입(기원전 2000~1500년) 이후 형성된 브라만교를 포함하기도 한다. 그러나 좁은 의미로는 아리안 계통의 브라만교가 인도 토착의 민간신앙과 융합하고 불교 등의 영향을 받으면서 기원후 300년경부터 종교의 모습을 갖추어 현대 인도인의 신앙 형태를 이룬 것으로 본다. 이같이 오랜 세월에 걸쳐 형성되었기 때문에 힌두교는 특정한 교조와 체계를 갖고 있지 않으며, 다양한 신화와 성전(聖典), 전설, 의례, 제도, 관습을 포함하고 있다. 고대 브라만교가 베다에 근거를 두어 신전이나 신상(神像)이 없이 자연신을 숭배하는 데 비하여, 힌두교는 신전 및 신상이 예배의 대상이 되고 있으며 인격신(人格神)을 믿는다. 또한 공희(供犧)를 반대하여 육식을 금지한다.

드라비다족을 몰아내고 인도에 정착한 아리아족은 유목생활 대신 농경문화를 일구기 시작했다. 하지만 목축생활을 여전히 중요하게 여겨 소나 말, 돼지, 닭, 양 등 다양한 가축을 키웠다. 그중 소에 대해서는 『베다』에 언급할 정도로 중요하게 다루고 있다. 소는 그들에게 우유와 노동력을 제공하였고 쇠똥은 연료와 건축 재료로 사용되었다. 또 소는 물물교환 경제에서 가장 탁월한 매개체였던 까닭에 그들은 소를 얻기 위해 전쟁도 마다하지 않을 정도였다. 이리하여 성우(聖牛) 사상은 힌두 사상의 근간으로 자리 잡게 되었다.

굽타 왕조의 영역

    이제부터 인도에서 힌두교가 성립하게 된 역사적 배경에 대
해 알아보자. 쿠샨 왕조는 3세기 중엽 페르시아에서 성장한 사
산 왕조에게 멸망 당한다. 이후 약 반세기 동안 혼란을 겪다가
굽타 왕조가 등장하면서 인도는 다시 통일왕국으로서의 면모
를 갖추었다. 굽타 왕조는 3대 찬드라굽타 2세에 들어 인도의

대부분을 장악한 대제국으로 도약한다.

이때 유럽에서는 게르만족의 대이동이 있었고, 이로 인해 로마제국이 무너진다. 인도 역시 5세기 무렵, 흉노족으로 추정되는 훈족의 침입을 받아 다시 혼란에 빠진다. 그럼에도 굽타 시대는 문화적으로 업적이 매우 컸다. 외부의 문화 잔재를 제거하고 아리안족의 고유문화를 재건하려는 움직임이 있었기 때문에 이 시기를 힌두 르네상스기라고 부르기도 한다.

굽타 왕조는 이전의 통일왕국과 차별되는 국가이념이 필요했기 때문에 힌두교를 받아들인다. 인도 고유의 언어와 문화가 강조되었고, 왕실 또한 인도 고유의 문학, 예술, 종교, 과학 등에 투자를 아끼지 않았다. 이때 인도의 고유 언어인 산스크리트어로 쓰인 서사시 『마하바라타』와 『라마야나』가 나타난다. 바로 이 시대에 0의 개념을 알아냈고, 십진법을 사용했으며, 파이($\pi$)를 오늘날과 거의 비슷한 수치로 주장하였다. 또한 불교미술을 힌두미술에 끌어들여 독특한 인도의 미적 감각으로 완성한 시기기도 하다. 석굴의 경우 불교 석굴이 대부분이었으나 자이나교나 힌두교의 것들도 있다.

굽타 시대의 힌두문화는 힌두교의 성립으로 완성된다. 왕실에 의해 불교가 보급되긴 하였으나 인도인들의 종교적 습관이 하루아침에 바뀔 수는 없었다. 그들은 여전히 제물을 바치는 의식을 중요하게 여겼고 브라만교의 종교행사도 이어나갔다. 전통정교인 브라만교가 사라지지 않았던 데에는 사회를 유지하는 카스트 제도가 엄연히 존재하고 있기 때문이기도 했다. 이러한 가운데 굽타의 왕들이 다시 인도의 고유성을 강조함으로써 브라만교는 힌두교로 새롭게 태어날 수 있었다. 힌두교는 대부분 브라만의 내용을 받아들이면서도 신도들의 경제적 부담을 고려하여 제단에 제물을 바치는 대신 신상을 올려놓도록 하였다.

또한 힌두교는 다른 종교에 대해 포용의 자세를 취하여 각각의 종교 활동을 인정하였다. 이 때문에 인도에는 여러 종교집단이 정착하게 되어 이들이 믿던 신들은 힌두교 안에 포섭되기에 이른다.

힌두교도는 무엇보다 『베다』의 절대적인 권위를 인정한다. 또한 브라만교로부터 신에 대한 많은 관점과 신화를 계승하기 때문에 언뜻 보면 다신교처럼 보이기도 한다. 하지만 신들의 배후에 유일한 최고의 존재자를 설정하고 여러 신들이란 결국 최고신이 나타난 모습이라 주장하여 교묘히 하나로 통일시키고 있다는 점에서 일신교의 형태를 취하고 있다.

힌두교의 특징적인 사상은 윤회와 업, 해탈의 길, 그리고 도덕적 행위를 중시하는 것과 경건한 신앙 등으로 요약할 수 있다. 윤회의 속박으로부터 벗어나 해탈하기 위하여 방랑생활과 고행 또는 요가 등의 방법이 등장했다. 여기에서 고행은 주로 육체를 단련하는 일이며, 요가는 정신의 통일을 목적으로 하는 것이었다. 그런데 윤회와 업 사상은 인도인의 도덕관념을 키우긴 하였지만, 한편으로는 사람들의 마음속에 숙명론을 심어줌으로써 사회발전을 가로막는 요인이 되기도 하였다.

힌두교는 이슬람교 및 기독교와 접촉하여 많은 영향을 받아 근세에는 여러 가지 종교개혁운동이 일어나기도 했다. 특히 종교 사상가인 비베카난다(Vivekānanda)에 의한 라마크리슈나(Ramakrishna) 교단은 모든 종교가 하나로 귀일(歸一)해야 한다고 하여 보편주의적 종교관을 보여주고 있으며 세계적으로 많은 신자를 가지고 있다.

기독교나 이슬람교는 인간이나 우주를 피조물로 보고 창조주를 외부에 두고 있다. 반면에 힌두교는 인간이나 우주를 피조물로 보면서도 창조주를 내부에 둔다. 힌두교에서는 인간이 죽으면 무로 돌아가는 것이 아니라, 각자의 업(業)에 따라 내세에서 다시 새로운 육체를 얻는다고 본다. 불교에서 윤회란 각각의 자아가 수많은 조건을 만나 서로 의존하고 연결되어 새로 형성된다고 보는 반면, 힌두교에서 윤회란 특정한 자아가 각각 독립적으로 존재하는 형태(아트만)라고 말한다.

# 윤회 인가 해탈인가, 불교철학

## 불교의 생성, 성주의 아들이 출가하다

불교의 교조인 석가세존(釋迦世尊)은 석가모니 또는 구담불타라고도 불렸다. 석가는 그가 속한 종족인 사키야(Sakya)의 이름이고, 모니는 성자(聖者)라는 뜻이며, 구담은 그의 성씨인 가우타마(Gautama=Gotama)에서 따왔으며, 싯다르타(Siddhartta)는 어렸을 때의 이름이다. 이밖에 그를 높여 부르는 이름으로는 아라한, 명행족, 여래, 불타, 세존 등 십여 개에 이른다.

석가는 지금의 네팔에 해당하는 카필라에서 성주의 아들로 태어났다. 아버지는 정반, 어머니는 마야로서 인도의 명문혈통을 가진 호족이었고, 대대로 왕통을 계승한 귀인집안이었다. 그러나 석가가 태어난 지 불과 7일 만에 마야 왕비가 죽고 말았다. 하는 수 없이 그녀를 대신하여 이모인 마하파사파제가 그를 양육하였는데, 그는 매우 영리하여 7세 때에 학예와 무술을 통달하였고,[19] 점점 커갈수록 사물에 대해 깊이 생각하고 진리에 대해 명상하는 버릇이 생겨났다. 16세 때에는 구리족의 아름다운 여인 야수다라와 결혼하여 라훌라라는 아들을 낳기도 하였다.

석가의 아버지 정반 왕은 아들에게 자기의 권좌를 물려주고자 하였고, 이에 현실세계의 어려움과 상관없는 좋은 상태에서 부귀에 넘치는 교육을 받도록 배려했다. 그러던 어느 날, 석가는 수레를 타고 길을 가다가 늙어서 제대로 걷지도 못하는 노인, 높은 열로 고통받는 병자, 이미 썩어버린 시체, 세상의 고통을 초월하여 안식을 누리는 승려를 차례로 보게 되었다. 이에 그는 모든 부와 명예, 권력, 가족을 버리고 집을 떠나기로 결심한다.

흔히 석가의 일생과 관련하여, 불교도들은 그가 19세에 출가하여 30세에 도를 이루었고, 81세에 입멸(入滅＝입적, 열반)한 것으로 본다. 그러나 다른 설에 의하면 석가는 10세 때 결혼하고, 29세에 출가하여 35세에 도를 이루었고, 80살에 입멸하였다고 한다.

석가가 출가한 배경에는 다른 것보다 현실에 대한 자신의 애

착이 강하게 작용했을 것으로 보는 견해가 있다. 그는 특히 사랑하는 아내와 아들, 부친 및 친지와 영원히 같이 살고자 하는 열망이 강했는데, 그러한 바람과는 정반대로 세상의 덧없음에 경악하여 차라리 영원한 구도의 길을 떠나기로 결심했다는 것이다.

그는 출가하기 전에 이미 기존의 모든 종교에 대하여 나름대로 지식을 가지고 있었던 것으로 보인다. 또 당시의 유명한 아라라가라마와 울다라라마자를 찾아 두 차례에 걸쳐 6년 동안 정진하여 그들이 추구하는 최고의 경지인 무소유처(無所有處)와 비상비비상처(非想非非想處)[20]에 도달하였다. 하지만 역시 인생의 근본문제를 해결할 수 있는 법이 아니라고 생각되어 이들을 떠난다.

그는 히말라야 산 속에서 하루에 삼(麻) 씨 한 알, 보리 한 알로 연명하면서 6년 동안 고행에 정진하기도 하였다. 그러나 어디에서도 만족을 얻지 못하였을 뿐만 아니라 고행을 하다가 심신이 쇠약해져 기절까지 하였다.

이에 석가는 고통과 즐거움 모두를 물리치는 좌사(坐思)의 묘리를 깨달아 가부좌를 하고 수도(修道)를 시작하였다. 그 장소는 갠지스 강의 작은 지류인 네아란자라 근처에 있는 한그루 보리수나무 아래였고 오늘날 그곳은 부다가야라고 불린다. 그는 보리수나무를 등진 채 동쪽을 향하여 좌정하고, 길상초(吉祥

草)로 만든 방석 위에 앉아, "내 이제 번뇌가 다하지 않으면 영원히 일어나지 아니하리라. 내가 만일 깨닫지 못하면 나의 피와 살이 메마르고 말 것이다."라며 큰 결심을 하였다.

그러던 어느 새벽녘, 그는 새 날을 찬란하게 밝히는 동쪽의 계명성을 바라보는 순간 홀연히 모든 것을 깨달았다. 대지를 진동하고 하늘을 울릴 수 있는 큰 깨달음이었다. 이른바 금강좌(金剛座)에 앉은 지 77일 만에 대각성도(大覺成道)한 것이다.

이때부터 석가는 부다(Buddha)가 되어 모든 지혜를 성취하였고 온갖 번뇌에서 벗어나게 되었다. 다시 말하면 열반에 이르러 해탈함으로써 여래, 세존이 된 것이다. 세존이 된 그는 옛날에 고행을 함께 한 다섯 명의 수행자에게 최초로 설교를 하였으니, 그 장소는 녹야원이며 이 사실을 초전법륜(初轉法輪)이라고 부른다. 그리고 그 내용은 중도(中道, 중용의 도리)와 사성체 및 팔정도로 불교의 근본교리였다.

부다는 이때부터 50년간을 일관하여 설교로 보낸다. 우선 마갈타 나라의 왕사성에서 교화 활동을 한 뒤, 고향인 카필라성으로 돌아가는 도중에 가섭 삼 형제와 그 제자 1,000여 명을 귀의토록 하였다. 나라타 촌에서는 사리불과 목건연을 교화하여 그 제자 1,250명을 맞아들였다. 고국에 도착하여 아버지인 정반 왕과 가족, 아들을 신자로 삼고 그 후 서북방 구사라 나라의 사위성에서 급고독과 기타를 제자로 삼았다. 이 두 사람은 공통으로 기수급고독원(祇樹給孤獨園)을 석존에게 기증하였다.

교화 활동 5년째에는 베사리 성에 가서 이모면서 계모였던 마하파사파제와 자기의 아내였던 야수다라를 제자로 삼으니, 여성수행자 비구니도 나타나게 되었다. 이리하여 비구와 비구니, 우파새와 우파니라고 부르는 남녀불교도 네 종류의 완비를 보게 된 것이다.[21]

50년 동안의 교화기간이 지나고 노년에 이르자 석존은 구시나라 성의 사라수풀에 들어가 밤중에 조용히 80세의 인생을 마쳤다. 그가 입멸할 때에 200세였던 최고령자 수발타라가 급히 찾아와 불교의 법에 귀의하니, 그가 석존의 마지막 제자가 되었다. 입멸 후 7일 만에 그의 유해는 수제자 마하가섭의 주재로 구시나라 성 밖에서 화장되었고, 8종족의 왕들에게 분배하여 봉안토록 하였다. 그중 하나로 추측되는 것이 1898년 네팔 남방국경 피프라바에 있는 큰 탑파(塔婆)에서 영국인 페퍼(W. G. Peppe)에 의해 발굴되었고, 현재는 인도와 영국의 박물관에 안치되어 있다. 부처가 열반에 든 후 8곡 4두의 사리(舍利)가 나왔으며, 이것으로 세계 곳곳에 8만 4,000개의 탑을 세웠다.

그가 입적할 때에는 하늘에서 꽃다발이 쏟아져 내렸고, 하늘에서 음악 소리가 울려 퍼졌다고 한다.

"이 세상의 모든 것은 무상할 뿐이니라. 쉬지 말고 각고를 다하여 정진할지어다."

이것이 그의 마지막 말이었다. 그의 생애와 관련된 성스러운 곳(四聖地)은 그가 태어난 카필라국의 룸비니, 큰 깨달음을 얻은 마가다국의 부다가야, 최초로 설법을 전한 녹야원, 마지막으로 열반에 든 구시나라다.

## 불교의 진리

불교를 나타내는 상징은 몇 가지가 있다. 만(卍)과 연꽃, 법륜, 일원상(○), 원이삼점(圓伊三點, ∴), 보리수, 그리고 오색기 등이다. 여기에서 만은 원래 태양의 광명을 상징하였으나, 불교에서는 일심(一心)의 서기방광(瑞氣放光)에 비유하였고, 부처님의 가슴과 손발, 머리에 나타난 길상(吉相), 행운, 경복(慶福)의 표시로 사용하였다.

연꽃은 진흙물에서 피어나면서도 물에 젖지 않고, 꽃과 열매가 동시에 이루어지는 특징이 있는데, 불교에서는 부처님께서 오탁악세(五濁惡世)[22]에 태어났으면서도 물들지 않고 3계의 중생을 교육한 데 비유한 것이다.

또한 옛날부터 인도의 왕들은 금륜(金輪), 은륜(銀輪), 동륜(銅輪) 등의 수레바퀴를 통하여 세계를 정복하였는데, 석존이 진리의 수레바퀴로서 세계를 정복한다는 뜻이 법륜(法輪)이란 말 속에 담겨 있다.

일원상은 일심의 원융무애(圓融無碍)와 시간의 영원성을 내포하고 있으며, 원이삼점은 삼보(三寶=佛, 法, 僧)를 표시하기도 하고 진속불이(眞俗不二, 승려와 세상 사람은 서로 다르지 않고 하나)의 중도를 나타내기도 한다.

보리수는 자각각타(自覺覺他), 각행원만(覺行圓滿)의 깨달음을 상징한다.

오색기는 동서남북과 중앙의 5방향을 표시하기도 하고, 청황적백흑의 5색인종이 하나 되는 것을 의미하기도 한다. 원래 오색기는 1882년 영국군인 올코트 대위가 창안한 것인데, 1950년 세계불교도 의회에서 만국 공동의 불교기로 채택하면서 청색은 귀의, 황색은 지혜, 적색은 자비, 백색은 청정(淸淨), 흑색은 정열을 나타내는 것으로 결의하였다.

그러면 이제부터 불교의 근본적인 교리에 대해 알아보자. 본래 석가모니는 형이상학적인 문제에 대해 그다지 비중을 두지 않았다. 가령 우리의 몸과 영혼이 서로 어떤 관계가 있는지, 우리가 죽은 후에 영혼이 다시 살아나는지, 이 세계가 유한한지 등은 토론의 대상에서 제외했다. 다만 고통뿐인 인생에서 고통의 원인을 없애 불쌍한 인간을 구제하고자 하였을 뿐이다.

## 세 가지의 변함없는 진리, 삼법인

인생구제의 근본명제로 삼법인(三法印)이라는 불교의 교리가 있다. 법인이란 '변함없는 진리'라는 의미인데, 이 가운데 첫째는 제행무상(諸行無常)이다. 모든 것은 시간 속에서 서로의 인연에 따라 생겨나고 소멸하며 또 그 일을 계속 이어가기 때문에, 이 세상의 모든 것은 고정되어 있지 않다. 모든 것은 변하기 마련이고 덧없이 흘러갈 뿐이다. 이러한 주장은 우파니샤드의 상주설(常住說)을 부정하는 것이기도 하다. 윤회에서 벗어나 영원히 없어지지 않는 상주(常住)의 세계에 살고자 하는 염원과는 배치된다는 의미다.

둘째는 제법무아(諸法無我)다. 모든 것은 다른 것과의 관계 속에서만 존재할 뿐, 스스로 '나'라고 할 만한 것은 없다는 뜻이다. 내가 아들인 것은 아버지가 있기 때문이요, 내가 아버지인 것은 아들이 있는 까닭이다. 스승과의 관계에서 보면 제자요, 제자와의 관계에서 보면 스승이다. 사정이 이러함에도 어리석은 인간이 자기의 실체로서 자아만 고집하기 때문에 모든 아집과 오류가 생겨나고, 여기에서 스스로 고통을 지고 살아가는 비극이 잉태되는 것이다.

셋째는 일체계고(一切階苦)다. 덧없는 것을 두고 늘 그 자리에 머물러 있다고 생각하거나, 본래 '나'라고 할 만한 것이 없음에도 불구하고 고집스럽게 나를 주장하기 때문에 인생에는 좌절과 슬픔과 비탄이 따른다. 그러므로 우리가 제행무상과 제법무아의 올바른 이치를 깨닫고 나면 고통은 자연스럽게 없어진다.

어떤 사람은 세 가지 진리 이외에 열반적정(涅槃寂靜)을 추가하여 사법인(四法印)을 주장하기도 한다. 열반이란 '타오르는 욕망의 불길이 꺼진 상태'를 말한다. 인간이 제행무상과 제법무아임을 알고 사물의 실제 모습이 텅 빈 공(空)임을 깨달을 때 비로소 해탈하여 고요한 마음의 평화를 얻을 수 있다.

## 네 가지의 신성한 진리, 사성체

불교에는 네 가지의 신성한 진리, 즉 사성체(四聖諦)가 있다. 모든 삶이 번뇌라는 고체(苦諦), 번뇌란 인간의 쓸데없는 욕망에서 싹튼다는 집체(集諦), 그러므로 욕망을 없애야 한다는 멸체(滅諦), 그러한 해탈의 길은 여덟 가지 바른길을 따라감으로써 비로소 얻어질 수 있다고 하는 도체(道諦)가 바로 그것이다.

그러면 고체에 대해 알아보자. 불교에서는 태어나는 것도, 늙는 것도, 병드는 것도, 죽는 것도 괴로움이라고 말한다. 인간이 태어나 늙고 병들어 죽는 일, 즉 생로병사(生老病死)가 모두 고통이라는 뜻이다. 그런데 인생의 고통에는 이것만 있는 것이 아니다. 가령 원한 있는 자와 만나야 하는 것도, 사랑하는 사람과 헤어져야 하는 것도, 구하지만 얻지 못하는 것도 괴로움이니, 번뇌의 수풀 위에 뿌리박고 살아가는 이 몸 자체의 존재가 괴로움이다.[23] 이를 여덟 가지 고통(八苦)이라고 하는데, 괴로울 수밖에 없는 인간실존은 그의 끊임없는 욕망에서 비롯된다. 그렇다면 현실적으로 우리를 엄습해오는 괴로움의 원인은 어떻게 제거할 수 있는가?

집체란 바로 현재 우리의 괴로움이 있게 된 원인을 말한다. 구체적으로 인간의 괴로움은 세 가지 좋지 않은 마음, 즉 삼독심(三毒心) 때문에 일어난다고 한다. 여기에서 말하는 세 가지 나쁜 마음이란 탐욕과 진에(瞋恚, 분노), 우치(愚癡)다. 그중 가장 근본은 우치, 즉 어리석음이다. 어리석음 때문에 남의 것을 탐하고 시기, 질투, 분노하는 그릇된 모습이 나타나기 때문이다. 불교의 경전에서는 세 가지 나쁜 마음을 갈애(渴愛)라는 말로 표현하고 있다. 이글거리는 번뇌의 불꽃에 얽매인 상태가 곧 범부(凡夫, 생사의 번뇌를 벗어나지 못하는 사람)며, 그러한 비극은 오직 멸체와 도체로서만 해결될 수 있다.

멸체는 세 가지 나쁜 마음의 불꽃을 끈 상태로, 열반이라 부른다. 열반이란 니르바나(Nirvana)를 소리 나는 대로 적은 것으로서 '끊어내다' '끊어 없애다'의 뜻이 있다. 번뇌를 가라앉히고 아울러 다시는 그것이 일어나지 않게 되었다는 표현인 것이다.

우리가 고통을 벗고 해탈에 이르기 위해서는 여덟 가지의 바른길, 즉 팔정도(八正道)의 길을 걸어야 한다. 이를 도체라 한다. 여기에는 올바른 견해(正見), 올바른 사유(正思), 올바른 말(正語), 올바른 행동(正業), 올바른 직업(正命), 올바른 노력(正精進), 올바른 기억(正念), 올바른 자기몰입(正立)이 있다.

이것은 다시 혜(慧), 계(戒), 정(定)의 삼학(三學)으로 나누어진다. 혜란 우리의 정신훈련을 통해서 얻어지는 지혜로운 마음 상태를 말하는데, 올바른 견해와 올바른 사유가 이에 속한다. 계란 우리가 해서는 안 될 계율을 가리키는데, 올바른 말과 올바른 행동, 올바른 직업이 이에 속한다. 정이란 마음의 깨끗함을 얻기 위한 준비 작업을 말하는데, 올바른 노력과 올바른 기억, 올바른 자기몰입이 이에 속한다.

따라서 혜, 계, 정을 갖추어 정진하는 것이 바람직하지만, 그중 후세 불교학자들이 가장 중요시한 것은 혜였다. 왜냐하면 그것은 사물의 실제 모습을 있는 그대로 파악하고 실제 수양의 뿌리가 되는 '깨달음'에 해당하기 때문이다. 사람에게 깨달음이 없다면 남은 두 가지 역시 일어날 수 없지 않겠는가? 어떻든 이 세 가지는 불교에서 가장 강조하는 실천윤리의 덕목으로 이후 모든 교리의 근본이 되었다.

## 인과 연의 합치, 연기설

우리는 어떤 사물을 관찰할 때 밖으로 나타나는 현상만을 관찰할 것이 아니라, 보편타당한 사물의 본질을 파악하도록 노력해야 한다. 이러한 관찰방법을 불교에서는 연기관(緣起觀)이라고 부른다. 연기관은 사물의 본질을 파악하기 위한 것인데, 사물의 본질은 발전하기 마련이므로 결국 연기관이란 사물의 발전법칙을 고찰하기 위한 방법인 셈이다.

발전이란 사물이 어떤 상태에서 새로운 상태로 옮겨가는 과정을 의미하며, 다른 말로 하면 어떤 원인(因)으로부터 어떤 결과(果)를 맺는다는 것을 뜻한다. 사람들은 이것을 인과율이라불러 원인과 결과만을 논하려 한다. 그러나 불교에서는 어떠한 사물이라도 인과 연(緣)이 합해야 하나의 새로운 결과를 낳는다고 해석한다. 인이 가진 발전력이 연의 협력을 얻었을 때 비로소 결과가 생기는 것이다. 인을 직접적 원인이라고 하면 연은간접적 원인에 해당하는 셈이다.

우리가 만일 발전의 근원을 인에서만 찾는 경우, 인 가운데에이미 과가 결정되어 있으므로 결정론적 발전관이 되어버린다. 그러나 인과 연의 결합으로 발전이 이루어진다면, 현재의 인이아무리 나빠도 그에 결부되는 연에 따라서 얼마든지 좋은 과를이끌어낼 수 있다. 여기에서 불교의 교리는 결정론을 벗어날 수 있었다.

고통의 세계를 이상의 세계로, 또 사바세계를 극락정토로 바꾸는 것을 목표로 하는 불교 입장에서는 단순한 인과율이 아니라 인연에 의한 발전관을 반드시 선택한다. 연기설은 모든 삼라만상이 서로 의존하는 관계에서 성립되는 것을 주장하는 사상이다. 그것은 이 세상의 모든 존재가 결코 고정되어 각기 독립된 어떤 실재가 아님을 말한다. 그러므로 연기설은 제행무상과 제법무아, 그리고 일체계고라는 삼법인의 근본입장과도 완전히 일치한다. 그리고 이러한 연기설이 구체적으로 실현되고 있는 곳은 인간 세상이므로 연기설은 불교의 인생관이기도 하다. 석가모니는 인간 고통의 실제 모습을 있는 그대로 바라보고 이것의 해탈을 목적으로 하여 집을 나섰으며, 보리수나무 아래에서 정신을 모아 수도에 매진하였다. 그리하여 모든 현상이 시간적·공간적 인과관계에 의하여 일어남을 깨달은 것이 연기설이고, 이것을 다시 12개로 나누어 설명한 것이 십이(十二) 연기설이다.

그렇다면 여기에서 말하는 십이기(十二支), 즉 12인연이란 무엇 무엇일까? 여기에서는 윤회하며 고통받는 어리석은 중생이 태어나기 전부터 이 세상에 태어나 죽음에 이르기까지 거쳐야 하는 과정을 12단계로 구분하여 설명하고 있다. 12단계는 다음과 같다.

① 먼저 모든 중생이 근본적인 어리석음(無明), 어둠 속에 빠

져 있는 단계가 있고, ② 그러한 단계를 벗어나 비로소 육체적
으로나 정신적으로 발동하는(行) 과정이 있으며, ③ 무명의 단
계에서 행해졌던 데 대한 업보가 어머니 태 안에서 부쳐지는
단계(識)가 있다. ④ 이어서 땅, 물, 불, 바람(地水火風)과 수상행
식(受-감각, 相-상상, 行-마음의 작용, 識-의식)의 네 가지가 한데 어
울려 정신과 육체가 만들어지는 명색(名色)의 단계가 뒤따르
고, ⑤ 눈, 귀, 코, 혀, 몸, 뜻의 여섯 가지 감각기관(六入)을 통하
여 빛과 소리, 냄새와 맛, 감촉과 법을 받아들이는 단계가 있으
며, ⑥ 우리의 몸이 밖의 여러 가지 사물을 접촉(觸)하는 단계가
있다. 뒤를 이어 ⑦ 인생의 희로애락을 달게 받아들이는 단계
(受), ⑧ 괴로운 것을 피하고 사랑스러운 것을 취하는 본능적인
욕망이 발동하는 일(愛)의 단계가 있으며, ⑨ 자기를 내세워 사
람을 취(取)하는 단계가 있다. 그리고 ⑩ 애(愛)와 취(取)로 말미
암아 새 생명의 씨앗을 장만하는 유(有)의 단계를 지나, ⑪ 직접
몸을 입고 살아가는 삶(生)의 단계, ⑫ 늙어서 죽어가는 단계(老
死) 등이 뒤를 따른다.

이 열두 연기를 관찰하는 방법은 두 가지가 있다. 첫째는 열
두 가지 현상 사이의 인과관계를 무명(無明)에서 시작하여 노
사(老死)까지 이어가는 순관(順觀)적인 방법이다. 이 방법은 맨
처음의 원인으로부터 시작하여 어떻게 고통이 나오는가를 시
간 순서에 따라 관찰하는 방법이다. 둘째는 이와는 반대로 결과

인 노사(老死)에서 출발하여 그 원인을 거슬러 올라가 근본적
원인인 무명에 이르는 역관(逆觀)적인 방법이다. 이것은 고통
스러운 현실을 관찰하여 원인이 무엇인지를 탐구하여 올라가
는 방법이다. 석가모니가 집을 나선 까닭에서 알 수 있듯이, 그
는 생로병사의 비극적 현실을 목격하고 어떻게든 그 참된 원인
을 밝히고자 하였던 것이다.

불교에서 추구하는 목표는 결국 모든 중생들로 하여금 윤회
를 벗어나도록 하는 것이다. 그렇다면 윤회란 어떤 상태인가?

윤회란 영원히 죽지 않고 각자가 지은 선악업보에 따라 지옥,
아귀, 축생, 인, 천, 수라 등 여섯 가지의 서로 다른 세계에 태어
나는 것을 말한다. 여기에서 지옥은 화를 잘 내는 중생이, 아귀
(餓鬼)는 탐욕을 부리는 중생이, 축생(畜生)은 어리석은 중생이
태어나는 곳이다. 결국 이 세 곳은 악한 중생이 태어나는 곳에
해당하는 셈이다.

반면 인(人)은 바른 마음을 가진 중생이, 천(天)은 선한 중생
이, 수라는 투쟁심이 강한 중생이 태어나는 곳이다. 이 세 곳은
그래도 지조가 있고 정의를 지키며 착한 일을 한 사람들이 태
어나 즐거움을 누리는 곳이기 때문에 좋은 곳이라 할 수 있다.

이처럼 비교적 좋은 곳에 태어나기 위해서는 성현들의 가르
침을 본받아 계율을 잘 지키고 악행을 피하고 선행을 많이 해
야 한다. 그러나 가장 좋은 곳에 태어난다 할지라도 윤회는 완

전히 벗어날 수 없다. 누릴만한 복이 다 하면 결국 다시 타락할 수 있기 때문이다.

그렇다면 어떻게 해야 인간이 영원한 윤회를 벗고 생사를 초월할 수 있는가? 그를 위해서는 앞에서 말한 대로 혜, 정, 계 등 삼학을 잘 닦아 깨닫는 자, 즉 부처가 되어야 한다.

## 불교의 발전

### 많은 제자들과 경전의 완성

초기 불교에서는 신도가 되려면 누구든지 삼보(三寶)에 귀의할 것을 맹세토록 했다. 불(佛)이란 불교를 최초로 연 교조 불타를 말하고, 법(法)은 불타가 가르친 교훈, 그리고 승(僧)은 교설을 실천하는 승려를 가리킨다. 이 세 가지를 믿고 잘 실천하면 누구든지 세상의 정신적, 물질적 가난을 없애주는 보배가 된다고 믿었다.

초기교단의 중심은 어디까지나 출가한 남자수행승인 비구였다. 그런데 출가수행자가 되려면 먼저 부모님께 승낙을 받고, 스승을 선택하여 5계, 10계, 250계 등을 받아야 했다. 여인의 출가가 허락된 경우는 석가모니의 이모인 마하파사파제가 최초였다. 부처는 이모의 출가를 허락하고 나서도 비구니에게만큼은 훨씬 엄격한 규칙과 율법을 요구하였다. 비구니는

348계를 받아야 한다는 사항 등이 그것이다. 이러한 사정으로 미루어 짐작해보건대, 원시교단에서 여자 승려, 즉 비구니는 큰 역할을 하지 못했음이 분명하다. 비구승 중심의 승단체제는 부파소승(部派小乘)[24] 시대에까지 계속되었는데, 후기 대승(大乘)[25] 운동이 일어나면서 출가한 사문(沙門)들의 독단적인 우월의식이 공격의 대상이 되기도 하였다.

어쨌든 당시 인도사회에서 출가는 하나의 관습이었고, 이들에 대해 사람들은 '부지런히 노력하는 사람'이라는 의미로 '사문(沙門)'이라고 불렀다. 이는 정통파의 수행자인 브라만에 대해서 비정통파에 속하는 모든 종교수행자들을 포괄하여 부르는 말이다. 따라서 불교의 비구니들도 넓은 뜻으로는 사문에 포함된다. 그들은 속세적인 사랑이나 욕망에 가득한 생활을 벗어나 혼자 몸으로 걸식(乞食)하며 사는 것을 이상으로 삼았다.

그리하여 불교에서는 탁발(托鉢)로 목숨을 부지하고 항상 세 가지 옷과 공양그릇인 발우(鉢盂) 외에는 아무것도 몸에 지니거나 저축하지 못하도록 하였는데, 그것은 교조인 석가모니 자신이 지킨 불문율이기도 하였다. 출가수행자들이 머리를 깎는 것은 모든 번뇌를 끊어버리겠다는 정신적 의지를 상징하는 것이고, 법복을 입는 것은 중생의 복전(福田)을 표하는 동시에 스스로의 각오를 표현한 것으로 중생을 교화하기 위한 하나의 방편이라고 봐야 할 것이다.

사문은 암자나 큰 나무 아래서 좌선하기도 하고, 산속 동굴에 머물면서 정사(精舍)를 지어 집단생활을 하기도 하였다. 특히 인도의 남방기후 때문에 비가 많이 내리는 우기(雨期)에는 외출할 수 없었기 때문에 사문들은 한곳에 모여 생활하며 자신의 수행에 전념하였는데, 이를 안거(安居)[26]라고 부른다.

이러한 공동의 집단생활은 자연히 엄격한 규율을 필요로 하여 출가승에게는 기본적으로 오계(五戒)가 요구되었다. 다섯 가지 계율이란 ① 살생하지 않고(不殺生) 방생하는 것, ② 도적질하지 않고(不偸盜) 보시하는 것, ③ 간음하지 않고(不淫) 청정을 지키는 것, ④ 헛된 말을 하지 않고(不妄語) 참말만 하는 것, ⑤ 술 마시지 않고(不飮酒) 정신을 맑게 하는 것이다. 이 계율은 결혼하여 집에 머무는 신도들에게도 똑같이 적용되는데, 다만 '간음하지 마라'가 '부부관계 이외에 사사로이 다른 사람과 간음하지 말 것(不邪淫)'으로 바뀔 뿐이다.

부처가 살아 있을 동안에는 경우에 따라 직접 그로부터 가르침을 받으면 되었기 때문에, 사실 따로 계율을 제정할 필요가 없었다. 그러나 부처 입멸 후 계율을 제정할 필요성이 생겼고, 그리하여 48가지의 비교적 가벼운 계율과 비구의 250계율, 비구니의 348계율이 나오게 된 것이다. 만약 계율을 지키지 못했을 때에는 정해진 법회에 나가 참회하고 따로 지도를 받아야 한다. 그러나 그것으로 충분하지 못하다고 여겨지는 계율파괴,

즉 파계에 대해서는 가장 무거운 벌로서 바라이, 다시 말하면 교단추방이 선포되었다.

부처는 종교의 파벌의식을 떠나 진리가 보편적임을 밝힘으로써 많은 신도들을 가르치며 끌어들일 수 있었다. 그러나 초기교단의 발전에 크게 영향을 끼친 요인으로써 그의 열 제자를 꼽지 않을 수 없다. 그들은 바로 사리불, 목건연, 대가엽, 아리루다, 수부티, 부루나, 가시연, 우파리, 라후라, 아란인데, 교단의 신임을 받던 사리불과 목건연은 스승인 부처보다 일찍 세상을 떠났기 때문에 제3제자였던 대가엽에게로 불교교단의 지도통솔 책임이 넘어갔다.[27]

한편, 불교경전을 편찬하는 일에는 우파리와 아란의 공적이 많았다. 불교 재단은 부처 당시 이미 공동재산을 가지고 있었으며, 안거하는 장소를 희사하는 신자들의 덕택으로 인하여 장원(莊園)과 정사를 갖게 되었다. 당시의 중요한 의식으로는 보름날과 그믐날에 함께 모여 서로 참회하는 보살(布薩)과 여름철 안거의 마지막 날에 서로 훈계하는 자자(自恣)가 있었다.

반세기에 가깝도록 여러 계층의 사람들에게 불법을 전한 부처의 가르침은 신자들의 암송에 의해 입에서 입으로 전해져 내려오고 있었다. 그러나 정확히 입으로 전해지기 위해서는 일정한 형식으로 틀을 갖출 필요가 있었다. 그리하여 결집(結集)이 열리게 되었다. 제1 결집은 부처가 입멸한 바로 다음, 가섭을 중심으로 하여 500장로들이 왕사성의 칠엽굴에 모여 집회를 열고 경전과 율법을 펴냄으로써 이루어졌는데, 여기에서 바로 대장경(大藏經)이 만들어졌다.

제1 결집이 있은 지 100여 년 후 갠지스 강 북쪽의 베사리에서 밧지족 출신 비구들이 열 가지 일(十事)을 주장하고 나섰다. 이것은 주로 계율에 관한 것으로, 예컨대 소금을 비축해놓는 일이라든가 화폐를 갖는 일 등 시대의 변화에 따른 문제들이었다. 특히, 밧지족 비구들은 화폐를 갖는 문제에서 전통적인 보수파의 장로들과 정면으로 충돌함으로써, 장로파 비구 700여명이 제2 결집을 소집하였다. 결국 장로들은 열 가지 일을 세밀하게 검토한 끝에 그것이 정통적인 불법에서 벗어난 것임을 정식으로 선언하였고, 이로부터 교단은 보수적인 상좌부(上座部)[28]와 진보적인 대중부(大衆部)[29]로 나뉘게 되었다.

## 석가모니의 사상

석가모니의 사상이 갖는 의의를 네 가지로 나누어 고찰해 보자.

### 중도

중도(中道)란 두 가지 극단을 피한다는 의미다. 여기서 말하는 두 가지 극단이란 욕심에 빠져 헤어나지 못하는 향락의 생활과 헛되이 몸을 괴롭히며 학대하는 고행의 생활을 말한다. 두 가지 극단의 생활을 떠나서 여덟 가지 바른길, 즉 팔정도를 따라 걸어가야 한다는 것이다. 출가자가 피해야 할 두 가지 극단이 고행과 향락이라면, 속세에 머무는 자들이 피해야 할 두 극단은 가난과 분에 넘치는 부유다.

### 평등주의

그는 베다 경전의 권위나 브라만 지상주의를 인정하지 않았다. 태어날 때의 혈통에 의해 사람의 신분이나 계급이 정해진다는 것은 의미가 없으며, 오직 자신의 수행으로만 다른 사람의 존경을 받을 수 있다고 가르쳤다. 인간을 본질상 평등한 존재로 선언하였던 것이다. 사실 부다 또는 부처라는 말 자체도 '깨달은 자', 즉 각자(覺者)라는 단어로 인간이면 누구나 부처가 될 수 있다고 하는 의미를 담고 있다.

브라만교나 힌두교는 그들의 신을 윤회보다 우위에 두고 개인의 운명을 결정하는데 신이 관여하고 있다고 믿었다. 그러나 불교는 신을 믿지 않았다. 개인의 화복은 전생에서 저지른 행위의 결과, 즉 업보라고 생각했다. 그러므로 누구든지 도를 깨달아 착한 일만 행하면 부처, 즉 신이 될 수 있다. 이는 당시로써 매우 혁명적인 사상이었으며, 인도의 전통적 카스트 제도를 배척하고 모두가 평등하다고 하는 관념을 심어주는 것이기도 했다.

이러한 평등주의는 하층민에게 크게 환영받아 불교는 북인도를 중심으로 널리 퍼져 나갔다. 신자 수가 늘어난 데에는 당시의 사회구조에도 한 원인이 있었다. 당시 인도는 국가 규모가 확대되어 생산 활동이 늘기 시작했고, 이 결과 도시가 발생함과 동시에 정치조직이 정비되었다. 이때 왕과 귀족들이 성장하여 브라만 계급이 약화되는 결과를 가져왔는데, 여기에 불교가 일정한 역할을 했다는 뜻이다. 다시 말해 불교는 당시 신흥세력들에게 선택되어 발전에 가속도가 붙게 된 것이다.

이 대목에서 당시의 역사적 배경을 살펴보자. 불교가 등장할 기원전 6세기 무렵, 인도는 종족중심의 정치체제에서 왕국으로 형태가 변하기 시작했다. 그리고 초기 국가들은 국가를 효율적으로 운영하기 위해 많은 재정이 필요했고, 이를 단시간에 해결할 방법은 약소국을 정복하는 것이었다. 이때에 가장 강력한 국가로 부상한 마가다 왕국은 갠지스 강 중류지역을 중심으로 세력을 확장해나갔다. 그러나 마가다 왕국의 무자비한 억제책에 대해 피정복인들의 저항이 거세지자 내부의 분열이 초래되어 왕국 자체가 붕괴하고 마하파드마 난다가 등장하여 난다 왕조를 세운다.

이때 서쪽에서는 알렉산더 대왕이 페르시아를 점령하고 거

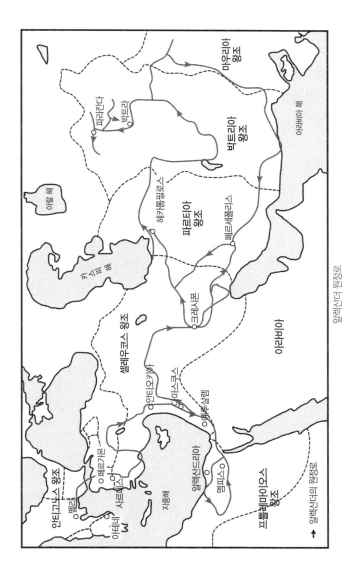

알렉산더 원정로

대한 제국을 형성하였다. 그리고 그 여세를 몰아 기원전 326년 인도의 편자브 지방에까지 침입해왔다. 그러나 알렉산더는 인도인들의 강력한 저항을 받아 19개월 만에 퇴각의 길에 오른다.

어떻든 비록 짧은 기간이지만 알렉산더의 인도 침입은 많은 변화를 몰고 왔다. 그가 인도 서북지방의 여러 세력을 제압하여 하나의 정치 단위로 결합시킴으로써 인도가 통일제국으로 나아가는 터전을 마련하였던 것이다. 또한 알렉산더의 침입은 인도인들의 시야를 넓혀주었다. 서양 세계를 직접 눈으로 확인하였고, 원정군이 만든 육·해상 교통로를 통하여 교류와 교역이 활발히 이루어졌다. 또한 인도철학이 그리스와 로마에 전파되었고, 그리스의 천문학과 예술이 인도에 유입되기도 하였다.

이때 마가다 왕실 사람으로 크샤트리아 출신인 찬드라 굽타가 등장하여 편자브 지방을 차지하게 된다. 그리고 알렉산더가 사망하자 그는 그 지역의 지배력을 더욱 공고히 하는 한편, 난다 왕을 제압함으로써 아프가니스탄에서부터 벵골만에 이르는 광대한 지역을 손 안에 넣게 된다. 즉 인도 최초의 통일제국이 세워졌는데, 이 왕조가 바로 마우리아 왕조다(기원전 317~187년).

마우리아 왕조는 제3대 아소카 왕 시절에 절정기를 맞는다. 그러나 그는 기원전 262년, 칼링가 왕국과의 전투에서 전쟁에

안드라 왕조와 쿠샨 광조

회의를 느낀다. 진정한 정복은 무력이 아니라 정신적인 감화를 통하여 가능함을 깨달은 것이다. 결국 그는 불교에 귀의하고 불법을 통하여 인도를 통일하고자 하였다. 그는 비폭력, 불살생을 강조하며 마우리아 왕조의 힘이 미치는 곳까지 덕치를 실현시키고자 애를 썼다. 이 과정에서 불교는 제국 안에서 널리 통용되는 보편적 종교로서 위상을 확립하였고, 세계종교로 발돋움

할 수 있는 길을 닦았다.

또한 당시 불교는 아소카 왕이 피정복민들을 교화시키기 위해 활용되었기 때문에 개인생활에서의 덕행, 도덕적 규범이 강조되었다. 이러한 주장들이 불교의 이론으로 확립되어 개인 중심의 신앙을 강조하는 소승불교가 탄생하였다. 그리고 소승불교는 스리랑카를 거쳐 동남아시아 지역으로 진출하여 오늘에 이르고 있다.

마우리아 왕조가 서부지역으로부터 침입해온 박트리아(大夏)와 파르티아(安息國)[30]에 의해 멸망 당하자(기원전 187년), 이후 300여 년 동안 인도는 분열과 혼란이 계속되었다. 이때 아프가니스탄 지역에 정착했던 월지족(월씨족, 月氏族)이 세력을 확장하더니 파르티아를 물리치고, 인도의 편자브 지역을 장악하여 쿠샨 왕조를 세운다(기원전 40년 무렵).

쿠샨 왕조는 제3대 카니슈카 왕 때 전성기를 맞이하는데, 그는 왕권을 강화하기 위해 학문과 불교를 장려했다. 이때 불교의 학문적 성격과 왕실에 협조하려는 경향 등이 결합하여 대승불교가 나타나게 된 것이다. 이렇게 보면 대승불교는 지배자의 통치 목적에 합치하는 쪽으로 연구하여 불교학자들이 만들어낸 이론이다.

그렇다면 소승불교와 대승불교는 어떻게 다른가? 소승불교에서는 사실상 신이 없다. 개인이 스스로 도를 깨달아 신이 되는 것을 목적으로 한다. 반면에 대승불교는 석가모니를 신격화하고 그 외 아미타불, 약사불, 미륵불 등의 부처들을 만들어냈다. 그리고 나 한 사람이 아니라 가급적 많은 사람들을 고통의 바다에서 열반의 해안으로 이끌어내는 것을 최고의 목적으로 간주한다. 이때 카니슈카 왕은 자신을 스스로 부처와 동일시하고, 대승이라는 큰 배를 저어 많은 민중을 열반의 세계로 인도하는 지도자임을 강조함으로써 지배력을 공고히 하려 했던 것이다. 이러한 대승불교는 중앙아시아의 유목민을 통하여 중국에 전해졌고 우리나라와 일본에도 전파되어 왕권의 강화와 국가운영의 원리로 사용되었다.

### 휴머니즘

석가모니 사상의 세 번째 특징은 세계주의적인 휴머니즘에 입각해 있다는 점이다. 불교는 국수주의적 수준을 넘어서서 초계급적, 초국가적으로 그 교리를 확장시켜 나감으로써 전 세계로 전파될 수 있었다.

### 겸허한 자세

석가모니는 겸손한 구도자의 자세를 잃지 않았다. 그는 결코 진리를 자처하지 않았고, 스스로 신격화되는 것을 바라지도 않았다. 그의 교리는 한 번도 도그마(dogma)로써 강요되지 않았다. 브라만의 성전들이 귀족어인 산스크리트어를 중심으로 사용된 데 반하여, 불교의 경전은 당시의 대중적 통속어인 프라크리트어로 기록되었다. 교조인 석가모니의 겸손한 자세는 이후의 불교 발전에 중대한 영향을 끼쳤다. 가령 불교는 다른 종교와 비교하여 순교자가 적다거나, 절대자에 의존하는 타력(他力) 중심이 아니라 자력위주의 신앙으로 발전되어 갔다거나 하는 것은 모두 그 때문이다.

이처럼 불교가 세계적인 종교로 발전한 데에는 교조의 겸허한 자세에서 나오는 개방과 관용의 덕이 큰 몫을 담당하였다.


## 이슬람교의 인도 유입

굽타 왕조가 쇠퇴한 6세기 이후부터 11세기까지 인도는 오랫동안 내부 분열상태가 이어졌다. 반면 이웃한 중동 지역에서는 이슬람 세력이 성장하여 대외적으로 팽창하고 있었다. 특히 9세기 이후 시아파 운동의 성공으로 비 아랍 세계의 이슬람화가 급속히 진행되면서 중앙아시아 지역의 유목민들이 이슬람으로 개종하고 인도를 호시탐탐 노리고 있었다.

그중 투르크인은 오늘날 아프가니스탄의 카불 서남쪽 가즈나 지방에 나라를 세우고 펀자브 지방을 수시로 공격하였고, 이 과정에서 인도에 이슬람교가 보급되기 시작했다. 본래 인도인은 종교에 대해 관용적이었기 때문에 카스트 제도로 억압받고 있었던 그들에게 이슬람교의 평등주의는 고무적인 것이었다.

13세기에 들어서면서 인도 내륙에는 이슬람 정권이 탄생한다. 1206년 델리의 담당관이었던 아이바크가 스스로 술탄이라 칭하고 나라를 세웠다. 그런데 아이바크는 궁정노예 출신이었기 때문에 이를 노예 왕조(1206~1290년)라 부르며, 뒤를 이어 여러 왕조가 델리를 수도로 삼아 16세기까지 이슬람 왕조를 유지했다.

이슬람 왕조는 관대한 통치정책을 펼쳐 힌두교도에게 개종을 강요하지 않았고, 지방 토호세력의 지배나 카스트 제도의 존속도 인정하였다. 이 때문에 힌두 문화와 이슬람 문화가 융합되었고, 오늘날에도 인도에는 이슬람교가 힌두교 다음가는 종교로 남게 되었다.

# 제3부
# 한국철학

# 독창성인가 모방인가, 삼국의 철학

## 삼국의 정세

고구려

기원후 300년, 고구려 미천왕은 중국에서 일어난 5호 16국의 혼란기를 틈타 낙랑군과 대방군을 고구려의 영토에서 완전히 몰아냈다. 또한 동진 등과 연합하여 모용선비의 수도를 공격하였다. 하지만 고국원왕 때인 342년, 연합전선이 무너지면서도리어 모용선비의 침략을 받게 되었고, 결국 모용선비에게 조공을 바치는 수모를 겪는다. 또한 고구려는 371년에 백제 근초고왕에 의해 평양성을 공격당해 고국원왕이 전사하기도 했다.

이에 소수림왕은 국가 율령을 반포하고 새로운 인재를 육성하기 위해 태학을 세웠으며, 불교를 공인하고 장려했다.

이어서 고국원왕의 손자인 광개토대왕은 활발하게 대외정복전쟁을 수행해나갔다. 먼저 백제를 공격하여 임진강 일대를 점령하였고, 요서에 위치한 후연을 공격하여 멸망시켰다. 이처럼 고구려의 영토가 확장되자 광개토대왕은 '영락'이란 연호를 사용하며, 고구려가 천하의 중심이라는 자부심을 안팎으로 표출시켰다. 이후 장수왕은 백제와 물길(勿吉, 금나라와 청나라를 세운 남방 퉁구스족)을 무력으로 굴복시키고, 신라로 하여금 조공을 바치게 하였다. 이처럼 중국에서 남조와 북위의 두 세력이 치열한 경쟁을 벌이는 동안, 고구려는 강력한 국력을 바탕으로 수준 높은 문명을 꽃피울 수 있었던 것이다.

589년에는 중국을 통일한 수나라의 문제가 30만 대군으로 고구려를 공격하였지만, 요하도 건너지 못한 채 참패하고 만다. 이후 612년에 수양제가 113만의 대병력으로 고구려를 공격하였으나 실패하여 결국 수나라는 618년 멸망의 길을 걷게 된다. 수나라의 뒤를 이어 등장한 당나라도 당태종이 직접 수십만 대군을 이끌고 고구려를 공격했지만, 고구려군의 강한 저항과 안시성 전투에서의 패배로 인하여 퇴각하고 만다. 이후 고구려의 실권자였던 연개소문은 여러 나라와 외교활동을 전개하여 당나라의 침략에 대비하였다.

그러나 당나라는 연개소문이 죽은 후 그의 아들들이 벌인 권력 다툼으로 인해 혼란에 빠진 고구려를 공격하였고, 마침내 668년에 고구려는 멸망하고야 만다.

### 백제

백제는 4세기 중반 무렵인 근초고왕과 근구수왕 때에 최고의 전성기를 누렸다. 특히 근초고왕은 고구려의 평양성을 공격하여 고국원왕을 전사케 하고 국력을 외부로까지 확대하였으며, 요서지역을 공략하여 따로 백제군을 주둔시키기까지 하였다. 이 무렵 박사 고흥은 백제의 역사를 정리한 『서기』를 쓰기도 했다.

그러나 고구려 광개토대왕의 거센 공격을 받게 된다. 이에 아신왕은 왜병을 끌어들여 적극 대항하였으나 고구려의 공격을 막아내기에는 역부족이었다. 이후 백제는 수도를 웅진으로 옮기는 등 큰 좌절을 맛보아야 했다.

백제는 일찍부터 바다로 눈을 돌려 일본 열도에까지 진출하였으며 왜의 문화적 모국(母國)이 되었다. 백제는 4세기 이후에도 왜국을 선진문물로 교화시켰고, 왜의 군사들을 자국의 편의에 따라 이용하였다. 백제는 발달된 항해술과 해외교역을 통하여 활발한 대외활동을 전개한 진취적인 나라였던 것이다.

5세기 이후 고구려의 남진(南進) 정책이 이어지자 백제는 신라와 연합하여 여러 차례 고구려의 공격을 막아냈지만, 553년 고구려와 화친을 이룬 신라가 백제를 공격하여 한강 하류지역을 차지하고 말았다.

이후 두 나라는 뼈에 사무친 원한의 감정으로 서로 쟁투하기 시작하였고, 백제 의자왕은 신라의 40여 개 성을 공격하여 함락시키는 한편, 요충지인 대야성까지 점령하였다. 더욱이 백제가 고구려와 손을 잡자, 신라는 당나라와 동맹을 맺어 두 나라에 대항하였다.

의자왕은 왕성한 국력에 자만한 나머지 나당의 연합에 별 관심을 두지 않았고, 대내적으로 반대파 귀족들을 숙청하는가 하면 41명의 아들을 최고관직인 좌평(佐平)에 임명하여 식읍(食邑)까지 딸려주었다. 이에 중앙의 군사들이 지방으로 흩어지는 전략상의 약점을 드러내었고, 그리하여 660년에는 금강 하류로 쳐들어온 당나라와 황산벌로 진격한 신라 연합군을 막지 못한 채 수도 사비성을 내어주어야 했다.

이후로 복신, 흑치상지, 왜에서 돌아온 왕자 부여풍 등이 백제를 부흥시키려는 전투를 벌였고 고구려와 왜까지 합세하였으나, 내분으로 663년 9월 백제는 완전히 멸망하고 말았다.

### 신라

5세기의 신라는 "왕이 고구려의 장군으로부터 옷을 하사받았다."라는 내용이 나올 정도로 연약하기 짝이 없었다. 그러나 지증왕은 503년에 나라 이름을 '신라'[31]로 정하고, 왕의 명칭을 마립간에서 '왕'으로 바꾸었다. 지방 행정조직으로 주, 군 제도를 마련하고 농업과 상업의 발전을 도모하는 한편, 우산국(오늘날의 울릉도)을 정벌하였다. 법흥왕은 520년에 율령을 반포하고, 17등 관등제도와 골품제를 정비했다. 또한 백성의 뜻을 한곳에 모으기 위해 불교를 공인하였으며, 진골 귀족회의의 대표자인 상대등(上大等)에게 정책을 뒷받침하게 하였다.

신라의 전성기를 연 진흥왕은 백제와 연합하여 고구려가 차지하고 있던 한강 유역을 공략하였고, 이후 백제마저 물리친 다음 한강 하류의 평야지대까지 점령하였다. 562년에는 대가야를 병합하였고, 창녕, 북한산, 황초령, 마운령 등지에 순수비를 세웠다. 이후 진흥왕은 넓은 땅을 다스리기 위해 작은 수도를 설치하고, 화랑제도를 정비하였다. 백제와는 연합과 쟁투를 반복하다가 백제 성왕까지 죽음에 이르게 한 여세를 몰아 3만의 백제군을 전멸시키기도 하였다. 당과 연합하여 백제를 멸망시킨 신라는 고구려마저 침몰시키고 말았다.

그러나 신라는 당나라를 축출하는 과업을 안게 되었으니, 당시 당은 웅진도독부와 안동도호부, 계림도호부를 두어 삼국 전체를 집어삼키려는 계략을 꾸미고 있었던 것이다.

675년, 토번과의 전쟁을 끝낸 당나라가 신라를 공격했지만,

신라는 임진강 하류에서 당나라 함대를 격파하고 매소성 전투에서는 20만 대군을 물리쳤다. 이로써 신라는 대동강과 원산만 이남에서 당나라를 완전히 몰아내고, 대망의 삼국통일을 이룩했다. 물론 불완전한 통일이라는 지적을 받기도 하였으나, 삼국통일은 고구려 및 백제의 문화와 전통이 한데 어우러져 민족 전체의 문화발전을 이루는 데 커다란 주춧돌이 되었다.

### 고구려의 철학

고구려에서는 일찍부터 현자를 존중하는 기풍과 선비정신이 뿌리내리고 있었다. 그러나 국가 최고의 국립교육기관인 태학을 세운 소수림왕 때(372년)야말로 유학 사상이 완전히 정착된 시기가 아닌가 보인다. 이때를 전후하여 선진 문물제도를 받아들이고, 형법과 행정법 체계인 율령도 반포되었다. 태학에서는 유교의 오경을 중심으로 역사와 문학, 무술을 가르쳤다. 이는 문무를 겸한 엘리트를 양성하되 어디까지나 유학 사상이 나라의 통치이념이었음을 알려주는 대목이다.

이외에 평민들의 교육을 담당하는 경당(扁堂)이 있었는데, 이곳의 학생들은 유사시에 전쟁터에 나설 수 있는 상비군의 역할도 함께 맡았다. 유학이 널리 퍼지면서 매매혼 같은 풍습이 사라졌고, 부모와 남편이 죽었을 때에는 3년 상복을 입는 등 유교적 풍습이 백성 사이에서 널리 행해졌다. 효에 대한 관념 및 조상숭배 사상이 더 강화되기도 했다.

　삼국에 불교가 들어온 시기는 대체로 중앙집권국가 체제를 정비할 무렵이었다. 그리고 그 배경에는 과거의 샤머니즘과 점술로는 더 이상 사회를 지탱할 수 없다는 인식이 깔려 있다. 또한 새로운 왕조의 등장으로 권력 강화를 위해서 새로운 이념이 필요했던 까닭도 있었다. 하늘의 권위를 인정하는 대신, '모든 것이 인간의 자발적인 의지에 따라 결정된다.'라고 하는 인과론적 불교 사상이 새로운 왕권의 기반을 강화시킬 수 있었던 것이다.

　고구려는 소수림왕 때(372년)에 전진의 왕 부견이 순도(順道)라는 승려를 통하여 불교를 전해주었다고 하는 것이 정설이다. 고구려에서는 대승불교인 삼론종이 크게 발달하여 승랑 같은 승려가 북중국에 건너가 삼론종을 크게 부흥시켰고, 담징은 일본 호류사의 금당벽화를 그리기도 하였다. 그러나 말기에 이르러 유·불·도를 조화시키려는 정책에 따라 당나라에서 도교를 받아들이고, 그것을 우대함으로써 불교가 위축되기 시작하였다.

　고구려에 도교가 들어온 것은 영류왕 때로 알려졌으나, 그 이전부터 고구려인들은 도가적인 생활에 익숙해져 있었다. 보장왕 때에는 당시의 권신인 연개소문이 왕에게 강권하여 도교를 국가의 종교로 삼았다. 그러나 본래 유불도의 조화를 부르짖었던 측면에서 보았을 때, 도교의 강화는 불교의 극심한 반발을 불러일으켰고 결국 종교 사이의 알력과 사상적 혼란으로 말미암아 고구려는 멸망의 길을 걷고야 만다.

## 백제의 철학

백제 역시 고구려와 마찬가지로 국가 체제 개편에 유학 사상이 직접적인 영향을 미치게 된다. 육좌평(六佐平)을 비롯한 16관등(官等)이 설치되었는데, 관등의 이름이나 옷의 색깔, 중앙관제 및 지방행정기구의 편제 등에는 음양과 오행 사상, 그리고 십간과 십이지의 관념이 깔려 있다. 또한 역대 임금들이 가난한 백성을 구제하는 데 힘을 쏟았던 것 역시 유교적 이념과 관련시킬 수 있다.

당시 백제의 지식인은 유교 경전과 제자백가의 책들을 폭넓게 읽었으며, 한학 수준도 상당했던 것으로 보인다. 여러 분야의 박사들은 학문과 기술을 비롯한 문화 부흥에 큰 역할을 담당했을 뿐만 아니라, 일본에까지 파견되어 그곳의 학술을 진흥시키는 데 중요한 역할을 하였다.

백제에서는 침류왕(384년) 때에 서역의 승려 마라난타(摩羅難陀)가 동진으로부터 들어와 불교를 전해주었다고 전해진다.

법왕(599년) 때에는 전국에 명령을 내려 살생을 금지하고, 민가에서 기르던 매를 놓아주고, 물고기를 잡거나 사냥하는 기구를 모두 불태우게 했다는 기록이 나온다. 552년에는 일본에 불교를 전하였고, 국가 관청인 공덕부에서 불교 관련 사무를 주관하였으며, 겸익 같은 고승은 인도를 다녀오기도 하였다.

무령왕릉에서 출토된 거울에는 '선인이 계시어 늙음을 모르고, 불로불사하는 신선의 과일인 대추를 먹는다.'라는 대목이 나오는데, 바로 이러한 표현은 도교적인 것이었다. 하지만 백제에서는 도교가 종교로서의 세력을 갖지는 못했다.

## 신라의 철학

신라는 지리적 여건상 외국과의 교류가 빈번하지 못한 대신 스스로의 고유성은 잘 간직할 수 있었다. 지증왕(502년)으로부터 법흥왕(536년)에 이르는 시기에 순장(殉葬)제도를 금지하고, 왕의 명칭을 통일하고 유교식 연호를 사용하며, 중국식 상복제와 지방 군현제를 제정하고 율령을 반포하는 등 유학 사상을 근본으로 국가 체제와 사회질서를 다듬어나갔다. 진흥왕순수비에는 '스스로를 잘 닦아 백성을 편안하게 해야 한다.'라는 사상이 들어 있다.

신라의 화랑도 역시 유학 사상에 많은 영향을 받았다. 이 점은 구체적인 실천윤리인 세속오계(世俗五戒)[32]에 잘 드러나 있다.

신라에서는 527년, 이차돈의 순교를 계기로 불교가 공인되었다. 이후 왕과 귀족의 비호 아래 '귀족 불교'로 발전하였으며, 가장 화려한 불교문화를 꽃피울 수 있었다. 불교의 여러 가지 교리를 통합한 원효와 화엄종의 대가인 의상 등이 배출되었고, 혜초는 인도를 다녀온 후에 『왕오천축국전』을 남기기도 하였다.

신라는 이미 불교가 국교로 인정되어 도교가 종교로서의 세력을 구축하지는 못했지만, 학문적 대상으로서는 충분히 연구되었다. 또한 중대 말엽부터 하반기로 접어드는 시기에는 정치적 쟁투에서 밀려난 낙향 귀족, 또는 진골 귀족으로부터 탄압을 받은 육두품 계열의 지식인을 중심으로 현실을 부정하는 은둔 사상이 유행하기도 했다.

## 통일신라의 철학

통일신라로 접어들면서 강수와 설총 같은 육두품(六頭品) 유학자가 등장하였는가 하면, 국학(國學)이 설치되어 고급관리들이 배출되기도 하였다. 이들 관료는 골품제(骨品制) 앞에서 한없이 무력했지만, 충효의 유교 사상을 바탕으로 왕권과 결합하여 강력한 중앙집권적 체제를 구축하였다.

이때의 대표적인 학자가 최치원(崔致遠)이다. 그는 당나라 유학시절에 외국인을 상대로 실시하던 빈공과(賓貢科)에 급제하였고 '황소의 난' 때에는 문장으로 큰 공을 세워 승무랑 전중시어사의 벼슬을 지내게 된다. 귀국한 후 진성여왕 때에는 쓰러져가는 신라의 국운을 만회하기 위하여 시무십조(時務十條)를 올리기도 하였다. 그러나 자신의 이상이 현실에서 받아들여지지 않자 은거하면서 철학, 문학, 역사 등의 학문에만 전념하였다.

통일신라시대에는 대승불교 중에서도 화엄종이 대세를 이루었다. 그러나 후반기에 들어와 화엄종은 지나치게 관념적인 허위의식에 빠짐으로써 선종의 비판을 받았다. 선종은 지방 호족을 지지기반으로 크게 유행하였고, 고려의 창건에도 큰 역할을 담당하게 된다.

원효는 '위로는 진정한 깨달음을 구하고, 아래로는 중생을 교화시킨다.'라는 대승불교의 이상을 철저히 추구하였다. 원효는 당시 물밀 듯이 쏟아져 들어오는 불교이론 정리의 필요성을 느껴 당시 유통되던 거의 모든 경전을 분류하고 각각 독자적 해석을 덧붙여 주석을 달았다. 특히 이 대목에서 그는 화쟁(和諍)이라는 자신의 독특한 개념을 사용하였다.

원효는 당시 왕실과 귀족 등에만 받아들여진 불교를 백성에게 전파하고자 노력하였다. 그렇지만 제자를 양성하는 데에는 뜻을 두지 않았으며, 당시 신라에서는 높은 평가를 받지도 못했다. 그러나 그의 사상은 중국에 널리 알려져 중국 화엄학이 성립되는 데에 선구적 역할을 하였으며, 특히 고려 시대에 들어와 의천에 의해 화쟁 국사로 추증되면서부터 재평가되기 시작하였다.

의상은 원효와 함께 당나라 유학길에 나섰던 인물인데, 원효는 신라로 되돌아왔지만 그는 끝내 유학을 감행하여 중국 화엄종 2대조인 지엄의 문하에서 공부하였다. 신라로 돌아온 후로 화엄종을 창설하였으며, 법계도의 210자를 바라보면서 '글자 하나하나가 제멋대로 자기의 우월성만을 주장하여 자리다툼만 한다면 의미 있는 글이 될 수 없다.'라고 주장하였다. 즉, 그는 통일과 조화를 강조하였는데, 이는 획일주의나 전체주의와는 차원이 다른, 그야말로 정신적 경계인 우주의 마음을 표현한 것이라 말할 수 있다.

# 굴종인가 독립인가, 고려의 정세와 철학

## 고려의 정세

강력한 호족을 기반으로 고려를 세운 왕건(王建)은 발해의 유민들을 받아들이고 신라에 대해서도 우호적인 정책을 펴는 한편, 후백제에 대해서는 전쟁을 선택했다. 이후 후백제에 시달리던 신라가 고려에 자진 항복해오고, 내분으로 쫓겨나다시피 한 견훤(甄萱)이 투항해오자 왕건은 견훤을 앞세워 후백제를 정벌하였다. 이로써 마침내 후삼국이 통일되었다(936년).

통일 후 왕건은 호족들에게 요직을 주고, 중소 호족들에게도 향촌사회의 지배권을 일부 인정해줌으로써 그들을 포섭하려

했다. 대신 지방 향리의 자녀를 개경에 볼모로 잡아두는 기인제도(其人制度)와 공신들의 지방통치에 대해 책임을 묻는 사심관(事審官)제도로 호족세력을 견제했다. 반면, 호족들의 지지를 얻어내기 위하여 무려 29명의 후비를 맞이하는 혼인정책을 폈는데, 이는 그의 사후 왕자들과 외척들이 왕위계승권 다툼을 일으키는 원인이 되었다.

이후 광종은 쌍기(雙冀)가 건의한 과거제를 실시하여 유교적 학식을 갖춘 인재를 등용하였고, 이를 통해 왕권을 강화하였다. 그러나 과거제에도 불구하고 귀족들은 여전히 음서제(蔭敍制)를 통하여 고위관직에 오를 수 있어 점차 왕권을 위협하는 문벌귀족으로 변해가고 있었다.

왕권이 안정을 찾은 것은 6대 성종 때부터였다. 성종은 시무 28조(時務 二十八條)를 바친 최승로를 중용하여 유교 사상을 정치기반으로 국정을 운영했다.

거듭된 거란족의 침입을 강감찬 장군의 귀주대첩으로 막아낸 고려는 이후 이어진 평화시대에 화려한 귀족문화를 꽃피울 수 있었다. 이후 고려는 개성의 도성 수비를 강화하는 한편, 북쪽에 천리장성을 쌓아 거란과 여진의 침략에 대비했다. 그러나 끈질긴 여진족의 침입에 지친 나머지 불과 1년 만에 9성을 되돌려주고 말았다. 이에 더욱 강성해진 여진족은 만주 전역을 장악하고, 나라 이름을 금이라 칭하며 고려에 군신(君臣) 관계를 요구해왔다.

13세기에 이르러 몽골족이 칭기즈칸에 의하여 통합되면서 세계의 지배자로 급부상하였고, 고려 역시 몽골의 압력에 대비하여 수도를 강화도로 옮겼다(1232년). 이후 벌어진 고몽 항쟁에서 고려의 관군은 약세를 면치 못하다가 결국 몽골에 완전히 무릎을 꿇고 만다(1270년).

몽골은 나라 이름을 원으로 바꾸고 고려와 연합하여 일본정벌에 나섰으나 실패하고 말았다. 그 후 원은 만호부(萬戶府)를 설치하여 고려 군사조직에 영향력을 행사하고, 정동행성(征東行省)을 유지하여 고려의 내정간섭기구로 삼았다. 충렬왕에서부터 공민왕에 이르는 고려의 왕들은 원나라 공주와 결혼하여 원나라 황제의 부마가 되어야 했다.

이때 개혁군주로 등장한 공민왕은 관제를 원래의 형태로 복구하고 몽골식 생활 풍속을 금지하였으며, 신진사대부의 등용을 위해 정방을 폐지했다. 또한 승려인 신돈을 발탁하여 귀족들의 토지를 빼앗아 농민들에게 나누어주고, 노비를 해방하였으며, 성균관을 통하여 유학교육을 강화하고, 과거제를 통하여 신진관료를 대거 등용하였다. 그러나 공민왕은 권문세족들의 집단적인 반발과 왕비 및 신돈의 죽음으로 불교에 심취하였고, 결국 시해를 당하고 만다. 여기에서 대표적인 고려의 학자에 대해 알아보자.

## 고려의 철학

### 유물론 사상을 발전시킨 이규보

이규보(李奎報)는 어려서부터 신동으로 통했다. 그러나 몇 차례나 사마시(司馬試, '생원진사시'라고도 함)에 응시했지만 모두 낙방하고 말았다. 10여 년에 걸친 은거와 유랑 생활이 지난 뒤 32세에야 당시 권력을 쥐고 있던 최충헌 부자의 눈에 띄어 벼슬길에 올랐다. 그리하여 한때는 권신의 압객(狎客)이라는 비난도 받았다.

평탄치 못한 생애 탓인지 여러 차례 관직에 나아갔다가 물러나기를 거듭하던 그는 몽골군이 고려를 침입하자 아무런 직위도 없이 전쟁에 참가하였다. 이 무렵 고려에서 작성된 수많은 외교문서들은 모두 그가 초안을 잡은 것들이다. 그런 덕분에 고종의 환심을 사서 관직을 받고, 그 후 세상을 떠날 때까지 여러 고급관직을 역임하였다.

이규보는 당시의 자연과학적 수준 위에서 여러 가지 관념론의 오류를 공박하였다. "사람은 저절로 태어나는 것일 뿐, 하늘이 태어나게 하는 것은 아니다."라고 말하며, 무당에게 점을 치는 것이나 제사를 지내는 것 같은 미신에 대해서도 비판을 멈추지 않았다. 특히 무당들을 '구멍 속에 사는 1천 년 묵은 쥐'라거나 '숲 속에 숨어 사는 구미호'라고 부르며 비난했다.

당시의 통치자들은 봉건질서를 유지하기 위하여 '하늘과 사람이 서로 감응한다.'라는 목적론적 신학과 참위설(讖緯說), 풍수지리설 등 미신적인 사상을 적극적으로 퍼뜨리는 한편, 삼세윤회라든가 인과응보, 영혼불멸과 같은 신비화된 불교 교리를 가지고 호국(護國), 호왕(護王)을 부르짖었다. 그러나 이미 내우외환의 소용돌이에 휩싸이기 시작한 13세기 고려에서 미신 사상이나 불교 교리를 가지고 국운을 되돌려놓기란 거의 불가능한 일이었다.

이러한 상황에서 이규보는 원기일원론(元氣一元論)적 자연관을 내놓았다. 말하자면 삼라만상은 '음양 두 기가 혼돈하여 아직 분화되지 않은 상태의 물질적 실체'인 원기에 의해 생성되고 발전한다는 것이다. 그의 무신론 사상은 후대의 사람들에게 본보기가 되었으며, 한국의 유물론 사상을 발전시키는 원동력이 되었다.

### 최초의 사립 교육기관과 유학

고려에 들어와 점차 유학의 비중이 확대되는데, 성종 같은 임금은 유학의 이념을 국가의 지도적 이념으로 삼아 불교의례를 없애기까지 하였다. 중기 이후로는 사학 육성에 더욱 힘을 써, 문종 대의 최충이 세운 구제(九齊)는 우리나라 사학의 효시로 인정받고 있다. 인종 때에는 관학을 정비하여 경학(經學)을 숭상하고 강론에 힘을 쏟아 유학을 진작시키려 하였는데, 바로 이때 유교사관에 입각한 『삼국사기』가 나온다.

그러나 문인을 우대하고 무인을 멸시하는 폐단이 생겨나 결국 무인의 반란사건이 일어나게 된다. 무신들의 집권과 몽골의 침략으로 유학은 다시 쇠퇴의 길을 걷게 되는데, 이후 유학은 국가문서를 기록하거나 불교행사를 미화하는 도구로 전락하고 만다. 이러한 와중에서 유학의 근본정신을 되찾자고 하는 운동이 일어나 성리학이 받아들여지게 된 것이다.

신흥사대부들은 성리학의 윤리적이고도 현실적인 면을 사회에 적용하려 했는데, 학교 교육을 통한 유교적 인재 양성이나 토지제도 개혁을 통한 새로운 경제질서 수립 등이 좋은 예다. 또 신흥사대부들은 고려를 침범한 원나라를 배척하고, 유학의 이념을 표방하는 명나라를 존중하는 정책을 택하였다. 그 결과 성리학적 예교 질서로 사회체제가 정비되고, 성리학의 이념에 따라 법령이 반포됨으로써 조선이라는 유교 국가가 등장할 수 있었다.

고려 성종 때에 최승로가 올린 시무 28조의 개혁안에는 유교를 치국의 근본으로 삼아야 한다는 주장이 실려 있다. 교육제도 역시 유교적 교육을 채택하여 중앙에는 국립대학인 국자감을 설치하였고, 그 아래에 유학부와 기술학부를 두었다. 사학교육기관으로는 최충이 세운 9재 학당을 비롯하여 사학 12도가 있었고, 지방에는 향교가 지방 관리와 서민의 자제 교육을 맡았다. 충렬왕 때 안향(安珦)에 의해 들어온 성리학은 고려의 각 방면에 큰 영향을 주었으며, 불교의 폐단과 문벌귀족의 전횡을 비판하며 새로운 사회이념으로 등장하였다.

### 불교의 타락과 도참 사상의 등장

고려 시대의 불교는 국교로 지정되어 왕실과 귀족, 백성의 절대적 지지를 받았다. 나라에서는 대장경을 간행하고, 해마다 팔관회나 연등회와 같은 불교행사를 국가 차원에서 시행하였다. 과거제에도 승과를 포함시켰으며 합격한 사람에게는 품계를 주어 지위를 보장하였다.

그러나 원나라 간섭기에 들어서면서, 불교는 귀족세력과 결탁하여 타락의 길을 걷기 시작했다. 국가로부터 받은 사원전과 신도들의 시주로 생긴 땅을 기반으로 고리대금업을 운영하는가 하면, 여행자를 위한 숙박시설인 원(院)을 운영하여 부를 축적해나갔다. 그리고 재산을 지키기 위해 승병(僧兵)을 두었는데, 이들이 '이자겸의 난' 등에서 중요한 역할을 맡기도 하였다. 고려 말에 이르러 신진사대부들이 척불론을 내세운 것은 절이 가진 막대한 재산을 빼앗으려는 의도도 담겨 있었다.

전란(戰亂)과 내부적인 혼란이 끊임없이 이어지자 고려에서는 현실 도피적인 경향이 나타나면서 풍수지리설과 도참 등 신비주의가 유행하기 시작하였다. 태조에게 도참 사상을 주입시킨 인물은 승려 도선(道詵)이었다. 도선이 태조 왕건의 아버지에게 송악의 집터를 가리키며, "이 집에서 장차 고귀한 인물이 태어나 나라를 통일할 것이다."라고 예언해주었고, 그 인연으로 왕건과 도선의 관계가 매우 가까웠던 것이다.

도선은 중국의 풍수지리설과 음양 도참설을 골자로 『도선비기』를 썼는데, 묘청이나 신돈 같은 인물이 반란을 일으키거나 왕의 마음을 움직이려 할 때, 혹은 서민들이 왕권에 대항하여 반역을 도모할 때마다 이 예언서를 들고 나왔다고 한다.

# 충절인가 개혁인가, 고려 말과 조선 초의 정국

 

 

고려 조정은 내부에서 정몽주, 이색 등 온건개혁파와 정도전, 조준 등 급진개혁파로 나뉘어 있었다. 이 틈새에서 이성계는 신진사대부인 정도전과 손을 잡았다.

1386년, 중국에서는 명나라가 새로운 패자로 등장했는데, 이들은 고려에게 철령 이북의 땅을 요구해왔다. 이에 우왕과 최영은 이성계와 조민수에게 요동정벌을 명령했다. 그러나 이성계는 이른바 '4대 불가론'을 내세우며 위화도에서 군사를 돌려 칼끝을 조정에 겨누고 말았다. 그는 최영을 죽이고 실권을 장악한 다음, 대대적인 반대파 숙청을 단행했다. 또한 정도전과 조준은 과전법(科田法, 대지주와 귀족세력을 물리치고 제정한 토지제도)을 실시하여 권문세족들을 몰락시켰다. 그 후 이성계는 공양왕으로부터 양위를 받는 형식으로 임금에 올라 조선을 건국하였다.

## 조선 초기의 철학

사대부에 의해 개국된 조선은 재상 중심의 문반관료 사회였다. 이에 따라 고려 시대의 불교가 담당했던 국가의 지도이념을 주자학이 대신하면서 인륜·도덕과 명분·의리의 실천이 강조되었다. 그러나 후기에 들어와 상공업의 급속한 발전으로 자본을 축적한 자들이 늘어나고, 실용적이고 진보적인 학문을 공부한 지식인들이 성장하면서 전통적인 주자학이 공격받기도 하였다.

조선 초기의 정국은 이방원의 측근인 정도전, 권근 등에 의해 운영되었다. 강력한 카리스마로 건국 초기의 불안을 제거한 이방원(태종)에 이어 등극한 세종은 젊은 학자들에게 농업, 의학, 음악, 법제 등에 대해 다양한 분야를 연구하도록 배려하였는데, 그중 훈민정음 창제는 세계 역사에 길이 빛나는 민족의 자랑거리다. 세종은 민족정기를 되살리기 위해 단군 사당과 삼국의 각 건국 시조묘를 건립하고 정기적으로 제사를 지내게 하였다.

조선은 유교를 정치이념으로 삼고 예를 바탕으로 하여 새로운 국가 질서를 확립하였다. 조선의 임금은 유학에서 요구하는 성군이 되기 위하여 경전을 배우고 토론하는 일을 일상으로 삼았다. 종묘에서는 역대 왕과 왕비의 신위를 모시고 국가 최대의 의식행사인 종묘제례가 시행되었으며, 사직단에서는 토지신과 곡물신에 대한 제사를 올렸다. 이밖에 공자, 관우 등을 모시는 사당과 각 가문의 조상을 모시는 가묘(家廟)가 전국적으로 설치되었고, 이황, 이이 같은 유교 성현들은 서원에서 따로 모셨다. 공자를 모신 문묘에는 안현, 맹자 등의 성인들과 함께 조선의 이름 있는 유학자들의 신위가 배향되었다.

조선은 하늘에 대한 제사를 중시하여 수시로 강화도 마니산 참성단에서 도교식 제천행사인 초제를 거행하였다. 태종 때에는 하늘을 상징하는 의미에서 원형 모양의 원구단을 경복궁 남쪽에 건설하여 왕이 천신에게 직접 제사를 드리기도 했다. 첨성단과 원구단, 그리고 환인, 환웅, 단군을 모시는 삼성사의 설치는 민족의 주체성을 상징하는 것이었다. 그러나 세조 때에 주자학자들의 반대에 부딪혀 제천행사는 대한제국 성립 전까지 중단되어야만 했다. 이 때문에 조선은 주자학을 제외한 불교, 도교, 전통 신앙에 대해 매우 경직된 태도를 취하였고, 승려와 무당은 천인으로 취급하였으며, 사대부들은 승려들을 종 부리듯 하여 잡역에 수시로 동원하였다. 이러한 지배층의 극심한 억압으로 불교와 전통신앙은 깊은 산속으로 숨어들어야만 했다.

사회면에서 보았을 때, 여성의 지위가 조선 초기부터 낮았던 것은 아니다. 여성의 사회적 지위가 크게 변한 것은 17세기 이후부터였다. 이때부터 조선의 사대부들은 유교 윤리를 앞세워 여성에게 정절을 강요하였고, 매우 제한된 직업만을 갖게 하였다. 그러나 여성은 언문(한글)을 배우면서 독특한 규방문학을 발전시켰고, 문학, 예술 분야에서 두각을 나타낸 경우도 있었으니, 대표적인 인물이 허난설헌, 신사임당, 황진이 등이다.

# 명분인가 현실인가, 조선의 철학

## 온건파와 급진파의 대립

앞에서 이야기했듯이 조선의 성리학자들은 의리를 중시하고 인간 내면의 도덕성을 강조하는 온건개혁파와 현실 상황에 대응하려는 급진개혁파가 서로 대립하였다. 전자의 대표자는 정몽주, 후자의 대표자는 정도전이다. 그런데 이후의 주자학자들은 정몽주를 한국 유학의 비조로 꼽았다.

이방원과 정몽주 사이에 오고 간 '하여가(何如歌)'와 '단심가(丹心歌)'는 결국 의리 명분과 현실과의 대립이라고 평가할 수도 있다. 정몽주는 고려 말엽 새로운 이념체계로 도입된 주자학을 적극적으로 연구하고, 오부학당과 향교를 세워 널리 보급하는데 공헌했다. 또한 예(禮)를 백성에게 전파하기 위해 주자가례(朱子家禮)에 따라 가묘(家廟)를 세우고, 신주(神主)를 처음 세우기도 했다. 정몽주는 고려에 성리학의 기초를 세우고 성리학적인 명분을 지키며 죽었기 때문에 후에 '동방이학지조(東方理學之祖)'로 추앙되었다.

이성계를 도와 조선 왕조를 여는 데 절대적인 공헌을 한 사람은 바로 정도전이다. 정도전은 주자학을 조선의 통치이념으로 채택하여 고려의 이념적 지주였던 불교 사상을 극복하는 한편, 백성 본위의 이념과 관료의 도덕성을 바탕으로 하는 유교적 이상 국가 실현을 위하여 노력하였다.『불씨잡변(佛氏雜辨)』에서 불교의 우주론, 인과론, 윤리설을 비판하였으며,『심기리편(心氣理篇)』에서는 불교와 도교에 대한 주자학의 우월성을 자세히 기록하였다.

김굉필(金宏弼)의 제자 조광조 역시 형벌에만 의지하는 패도정치에 반대하고, 인의(仁義)에 따르는 왕도정치를 주창하였다. 애민 사상에 충실한 그는 한전제(限田制)[33]의 실시와 현량과(賢良科)의 설치, 노비법과 서얼법의 개선 등을 추진하였다. 그러나 신진사림의 우두머리로 중종의 신임을 받아 유교적 도덕정치를 실현하려 했던 조광조의 꿈은 결국 훈구파에 의해 좌절되고 말았다.

## 억불 정책과 김시습

고려 말엽에 일어난 배불(排佛) 운동은 순수한 이념 차원이라기보다는 정치적인 목적에서 이루어졌다. 조선 전기에 지공(指空), 보우(普遇), 나옹(懶翁) 등의 명승이 나타났지만, 유학자들의 정치적 공세로 인하여 불교계는 암흑기를 맞게 된다. 세조 때에 국가적 규모의 불경 간행사업을 벌인 적도 있지만, 성종 때에는 다시 억불정책이 등장한다.

이런 상황에서 불교의 명맥을 유지한 사람이 중종 때의 섭정 문정왕후였다. 그녀는 설악산 백담사의 보우를 중용하여 봉은사를 선종, 봉선사를 교종의 근거지로 삼게 하였다. 하지만 보우 역시 유생들의 미움을 받아 비명 속에 죽음을 맞이하게 된다. 이러한 때에 '유교와 불교가 본래 다르지 않다.'라는 회통론이 하나의 흐름을 형성하게 되었다.

피비린내나는 권력투쟁과 세조의 폭정, 귀족들의 농민 수탈 등을 바라보면서 김시습(金時習)은 관리가 되려던 꿈을 접었고, 시통(詩筒) 하나만 덜렁 짊어지고 전국을 떠돌았다. 김시습은 처음에 성리학적 세계관의 확립에 힘을 기울였다. 그러나 수양대군이 조카로부터 왕위를 빼앗고 집현전 학자들을 탄압하자 유가적 명분이 무너지고 있음을 깨닫고 중이 되어 전국을 떠돌아다녔다. 그의 사상은 관념적 주리론(主理論)에 반대하는 기(氣)일원론, 유물론이라 할 수 있다. 하지만 그의 기 철학은 불교의 윤리설, 영혼불멸설, 극락지옥설, 무속신앙 등의 미신을 타파하고 성리학적인 세계관을 확립하는 과정에 불과하다. 그의 이상은 어디까지나 유가적 혹은 주자학적 민본주의를 이 땅에 실현하는 것이었다.

## 조선 중기의 철학, 영남학파와 기호학파

16세기 이후 조선에서는 도학을 숭상하는 사림파가 정국을 장악하게 된다. 그런데 몇 차례의 사화를 거치면서 성리학계는 재야에 숨어 지내는 산림유(山林儒)와 출사하여 정치에 참여하는 묘당유(廟堂儒)로 나뉘게 된다. 전자의 대표는 서경덕과 조식, 후자의 대표는 이황과 이이였다.

서경덕은 북송의 성리학자 장재(張載)의 영향을 받아 기(氣)가 만물의 근원이라고 보는 기일원론을 주창함으로써 주리론으로 기울어가는 당시의 학계에 큰 충격을 주었다. 그에 따르면, 천지 만물은 모두 기로 말미암아 생성되는 물질적 실체다. 기는 우주공간에 충만해 있어 덩어리가 큰 것은 해와 달, 땅, 별이 되고 작은 것은 풀이나 나무 등 만물이 된다. 귀신이나 죽음의 문제도 기의 취산(聚散, 모이고 흩어짐)으로 설명하였고, 이에 따라 당시 성행하던 풍수지리설과 같은 미신을 배척하였다.

이황과 고봉 기대승과의 사이에 사단칠정논쟁(四端七情論爭)은 무려 8년에 걸쳐 전개되었는데, 이는 당시의 정체된 학문 풍토에 참신한 기풍을 일으켜 우리나라 성리학의 독특한 발전을 가져왔다.

퇴계의 주리론에 의하면, 이(理)야말로 천지 만물을 생성하고 주재하는 본원이다. "사단(四端)은 이가 일으킨 것이고 칠정(七情)은 기가 일으킨 것이다."라는 그의 주장에 의해 촉발된 것이 그 유명한 '사단칠정논쟁'이다. "사단 역시 기에 의해 일어날 수밖에 없다."라고 주장하는 기대승과 8년여에 걸쳐 전개된 이 논쟁을 통하여 그는 "사단은 이가 일으켜 기가 그것을 탄 것이요, 칠정은 기가 일으켜 이가 그것을 탄 것이다."라고 입장을 정리한다. 이 논쟁으로 이황의 사상은 상당한 체계를 갖추게 되었고, 조선의 성리학 역시 한 차원 높아졌다는 평가를 받으며 오늘날 동양은 물론 전 세계 학계의 주목을 받고 있다.

신사임당의 아들로 태어난 율곡 이이는 십만양병설로 유명하다. 왜구의 침략을 예상하고 서울에 2만 명, 각 도에 1만 명씩 군사를 양성하여 배치하라고 역설하였던 것이다. 동시에 종8품이었던 이순신을 유성룡에게 천거하면서 "장차 삼한(三韓)을 구제할 인물입니다."라고 하였다. 그러나 유성룡이 이러한 건의를 묵살하였는데, 결국 이이가 죽은 지 8년 만에 임진왜란이 일어나고 말았다.

율곡은 "이(理)란 형체도 없고, 행위도 없다. 오직 기만이 형체와 행위가 있다. 그러므로 무릇 일어나게 하는 것은 이지만, 실제로 일어나는 것은 기다."라며 이기이원론(理氣二元論)을 내놓았다.

퇴계의 주리론이 일종의 관념론이라면, 율곡의 주기론은 유물론이라고 할 수 있다. 또한 퇴계의 영남학파와 율곡의 기호학파는 서로 대립하여 쌍벽을 이루었다.

조선 중기에는 유교식 사립교육기관인 서원이 설치되고 조정에서 이를 공인하여 사액(賜額)을 내리는 등 지방에까지 유교 가치관이 토착화되었다. 이러한 분위기는 조선 불교의 사상적 빈곤을 초래할 수밖에 없었다.

조선 중기의 불교는 유교나 도교, 민간신앙과 결합되는 경우가 많았다. 먼저 충효를 강조하는 사회 분위기 속에서『부모은중경(父母恩重經)』이 간행되고, 사찰에서 부모와 조상의 명복을 비는 예식이 진행되었다. 임진왜란이 일어나자 휴정(休靜)은 도총섭(都摠攝)이 되어 승군을 지휘하기도 하였다.


**조선 후기의 철학, 실학과 동학**


경종이 단명한 후 왕위에 오른 영조는 본격적으로 탕평책을 실시하였다. 그러나 조정은 결국 노론에 의해 점령되었고, 노론에 반감을 가진 사도세자는 노론의 치밀한 모함으로 뒤주에 갇혀 죽고 만다. 이후 왕위에 오른 정조는 아버지 사도세자를 죽음으로 몰아간 세력들을 제거하고, 홍국영을 등용하여 정치권을 재편한다. 그리고 규장각을 설치하여 개혁주의자인 채제공, 정약용, 박지원, 박제가 등을 측근세력으로 만드는 한편, 장용영을 설치하여 왕실 친위대를 육성하였다. 또한 기득권 세력에 대한 견제와 사도세자의 명예회복을 위해 수원 화성 건설을 계획한다. 그는 화성의 주민을 이주시켜 수원을 이루게 하고 화성에 신도시를 건설하여 왕권강화와 개혁을 꾀하였다.

조선 후기에 들어와 최초로 서양문물에 관심을 가진 사람은 이수광이었다. 세 번씩이나 북경에 다녀온 그는 동서고금의 책들을 정리한 『지봉유설』을 편찬하였고, 정두원은 명나라의 사신으로 파견되어 화포와 천리경, 자명종, 마테오리치의 천문서 등을 가져왔다. 그 후 병자호란 때 인질로 잡혀간 소현세자는 북경의 선교사로부터 천주교 서적과 천문 및 역법서, 천문기구를 갖고 돌아왔다.

서양인들이 표류하다가 조선 땅에 들어온 경우도 있었다. 마리이는 제주도에 표류해왔고, 네덜란드인 벨테브레이 등 세 사람은 제주도에 도착하였다가 서울로 왔다. 특별히 벨테브레이는 하멜 일행이 들어왔을 때 통역을 맡기도 하였다. 그러나 조선의 쇄국정책으로 서양문물은 19세기 말까지 유입이 제한되었다.

중국을 통해 들어온 천주교는 정조의 관대한 정책으로 인하여 교세가 크게 확대되었다. 그러나 정조 죽음 이후 정순왕후에 의해 사교(邪敎)로 규정되었고, 신도 100여 명이 처형되는가 하면 400여 명이 유배당하는 참화를 입는다. 이 가운데에는 정약용 삼 형제와 이승훈, 권철신, 이가환 등이 포함되어 있었다. 외세의 힘을 빌어 신앙의 자유를 지키려 한 황사영의 백서는 조선 사회에 엄청난 충격을 주었으며, 이후 천주교 탄압의 근본 원인이 되었다.

조선 중기 이후에는 주자학에 대한 반동으로 실학이 일어났다. 실학자들 중에는 이수광을 필두로 17세기 후반의 유형원, 이익, 18세기의 홍대용, 박제가, 박지원, 유득공, 안정복, 19세기의 김정희, 정약용, 최한기 등이 있다. 이들 가운데 중농주의 학파는 토지제도와 행정기구 같은 제도상의 개혁을 주장하였고, 중상주의 학파는 유통과 생산기구의 혁신을 주장하였다. 또한 김정희 등의 실사구시 학파는 경서, 금석, 전고(典故)의 고풍을 위주로 하였었는데, 이러한 실학 사상이 정약용에 의해 집대성 되었다.

동학의 창시자인 최제우가 성장하던 시기는 세도정치의 폐해로 백성의 삶이 피폐해지고, 외세의 개항 요구가 심해지던 때였다. 따라서 유교와 불교는 더 이상 백성의 정신적 버팀목 역할을 감당하지 못했고, 새로 들어온 천주교는 전통적 사고와 충돌하고 있었다. 이에 최제우는 풍수 사상과 유교, 불교, 도교 등의 전통 사상에 서학(천주교)을 결합하여 인내천(人乃天) 사상을 확립한 동학을 창도하였다. 지상천국의 이념과 만민평등의 이상을 포함하고 있는 인내천 사상은 기존질서를 부정하는 반봉건적인 사상을 드러낸 것이기도 했다.

# 쇄국인가 개방인가, 일본 제국주의에 대한 대응

## 위정척사파와 개화운동파

일본 제국주의에 대한 항거는 위정척사(衛正斥邪) 운동으로
나타났다. 그것은 '바른 것을 지키고 삿된 것을 물리친다.'라는
기치를 내걸었으나, 실질적으로는 서양문물과 서학을 물리치
고 인륜에 바탕을 둔 중국을 섬겨야 한다는 논리로 옮겨갔다.
위정척사론의 대표자인 이항로는 송시열이 말한 숭명배청(崇
明排淸)의 의리론을 계승하였다. 그는 서양과의 교류가 우리
사회를 타락시킨다고 보았으며, "서학에 동조하는 자들을 가려
내고 서양문물의 유입을 금지해야 한다."라고 주장하였다. 그

의 제자 최익현은 일본을 배척하자는 상소운동을 벌였으며, 을사늑약이 체결된 후로는 의병을 일으켜 국권회복을 꾀했다. 결국 그는 일본군에 사로잡힌 후 그들이 공급하는 음식을 거부함으로써 죽음을 맞게 되었다.

위정척사파와는 달리, 개화운동파는 서양문물을 적극 받아들여 개혁을 이루려 했던 사람들로서 실학에 뿌리를 두고 있다. 조선이 완전한 자주국가로 성장하여 중국의 지배로부터 벗어나야 하며, 이를 위해 영민한 양반 자제들을 선발하여 교육시켜야 한다고 보았다. 이렇게 하여 선발된 청년들이 바로 서재필, 박영효, 김옥균, 홍영식, 유길준, 김윤식, 김홍집 등이다. 이들은 급변하는 세계사의 흐름을 통찰하고 자주독립을 추구하였으며, 부국강병과 신교육의 실시, 산업의 육성, 계몽운동의 전개 등을 주장하였다. 그러나 현실이 이에 뒷받침되지 못하였다. 또한 개혁파 안에서도 일제와 타협하거나 아예 친일분자로 전락한 사람들마저 있었기 때문에 실패하는 결과를 가져왔다.

## 신흥종교의 발흥 – 대종교, 증산교, 원불교

조선 말기 이후로 국가 질서가 붕괴위기에 놓이자 민중은 말할 수 없는 고통에 빠지게 되었다. 이때 민중은 민란을 일으키거나 새로운 종교에 마음을 의지하는 길밖에 없었다. 더욱이 이

때의 신흥종교들은 단군신앙이나 풍류도, 무속과 민간 신앙 등과 같은 우리의 고유한 사상에 접목되었으며, 동시에 항일구국운동의 구심점이 되기도 했기 때문에 쉽사리 대중의 지지를 얻어낼 수 있었다.

대종교는 단군왕검을 숭배하는 종교로, 앞으로 다가올 세계 변화의 주역으로 우리 민족을 꼽고 민족의 주체의식을 강조했다. 대종교단은 만주에서 독립운동을 주도하기도 했는데, 박은식, 신채호, 안재홍, 정인보 등은 직간접적으로 이 영향을 받은 것으로 보인다. 1대 교주인 나철(羅喆)은 일제의 탄압에 항거하여 스스로 목숨을 끊었고, 2대 교주인 김교헌은 독립선언문 작성 및 선언식에 동참하였다. 대종교가 감성적인 민족주의에 치우쳤다는 비판도 받고 있으나 항일투쟁이라는 순기능을 담당한 점이나 민족에 대한 자긍심을 회복한 점은 평가할 만하다.

강일순(姜一淳)이 일으킨 증산교는 동학과 관련이 깊다. 강일순은 자신을 옥황상제나 미륵불이라고도 했고, 자신의 능력으로 천지를 개벽하고 중생을 구제한다고 선언하기도 하였다. 외세를 배척하고 조선을 미래 세계의 중심에 놓은 점에서 민족의식을 읽을 수 있으며, 이후의 증산교 계통에서 단군을 받드는 교파가 많이 나왔다.

원불교는 불교의 일부 사상을 이용하여 일어난 신흥종교다. 원불교의 창시자인 소태산 박중빈은 불교 사상을 그대로 계승하기보다는 그것을 비판적으로 극복하고자 하였다. 그는 앞으로 다가올 시대를 예견하며 '물질이 개벽하니 정신을 개벽하자.'라고 주장하였는데, 이는 정신과 물질이 조화된 이상사회 건설을 목표로 한 것이다. 원불교는 산속에서 자기 내면을 수행하는 것이 아니라, 도시에서 대중과 함께 호흡하는 구체적인 생활 종교를 표방하였다.

# 한국 현대철학의 흐름

## 해방 이후의 서양철학

3.1운동 이후 서양학문에 대한 열기가 높아지자 민족진영은 민립대학 설립을 서둘렀다. 그러자 일제는 이를 저지하고 한국인들의 교육 열기를 체제 내적인 것으로 돌리기 위해 경성제국 대학(오늘날의 서울대학교)을 세운다. 식민지 권력기구에 순종하는 중간 엘리트 양성이 목표였던 이곳에서 서양철학 역시 강단철학으로 소개되기에 이른 것이다.

1933년에 '철학연구회'가 결성되었고, 「철학」이라는 최초의 철학 전문학술지가 발행되었다. 물론 이때의 철학은 서양철학이 주류를 이루었다. 그러나 1937년 중일전쟁 이후 조선 말살 정책이 강화되면서 연구회 활동이 중단되고, 학술지 역시 폐간 되고 말았다. 결국 유일하게 철학을 강의하는 곳은 경성제국대 학뿐이었는데, 이곳에서 가르치는 분야는 대동아 공영체제[34] 가 허용하는 독일관념론과 실존철학으로 당시 일본 철학계의 현실을 그대로 옮겨놓은 듯 했다.

1920년대 독립운동가들 사이에 혁명이론과 투쟁방법론으로 받아들여진 마르크스 철학은 더 이상 발붙일 곳이 없었다. 해방 이후의 정국은 민족 분열로 이어졌고, 급기야 6·25전쟁을 통해 분단이 고착화되었다.

6·25전쟁 후로 실존철학이 유행하기 시작하였다. 전쟁 이후 의 정신적 공황이 개인의 실존과 불안에 대한 관심을 불러일으 킨 것이다. 경직된 냉전체제 속에서 당시 사회주의나 민족주의 이념은 완전히 배제되었다.

1950년대 말에는 많은 철학자들이 미국과 독일에서 공부를 마치고 돌아와 철학의 관심 영역이 과학철학과 현대 논리학 등 으로 확대되었다. 또한 연구 활동도 개인이 아닌 학회 중심으로 이루어졌다. 1970년대에 본격적으로 도입된 분석철학은 철학 의 개념과 논의의 틀을 새롭게 점검하는 계기가 되었다. 또 고 도성장의 부정적인 결과가 사회적 담론으로 등장하면서 롤즈 의 사회 정의론이나 마르크스의 철학이 많은 학자들에 의해 논의되었다.

　1980년대 민주화 운동이 활발해지면서 마르크스 철학이 더욱 각광을 받았는데, 이때의 마르크스 철학은 순수한 철학보다는 활동가들의 실천 이념으로 받아들여지는 경우가 많았다. 소련과 동유럽의 사회주의가 붕괴되면서 마르크스 철학은 비로소 학술적 연구의 대상으로 자리를 잡았다.

## 해방 이후의 동양철학

　동양철학은 해방 후 강단 철학이 본격적으로 전개되었다. 그러나 이때에는 일제 어용철학자들뿐만 아니라 지식인들마저 유교와 전통을 봉건적인 잔재로 보았기 때문에, 현대적 시점에서 전통철학을 되살리는 작업에 매달리기 시작하였다. 현상윤(玄相允)은『조선유학사』에서 지금까지 부정적으로 평가되어 왔던 주자학을 한국 철학을 대표하는 것으로 주장하였고, 퇴계를 한국 유학의 최고봉으로 보았다. 이상은(李相殷)은 퇴계학 연구에 새로운 지평을 열었으며, 유교를 중심으로 전통철학을 현대적으로 해석할 것을 주장하였다.

　1970년대로 접어들면서 전통철학 연구자들이 크게 늘어나고 정신문화연구원 같은 기관이 세워지면서 국학 전반에 대한 열의가 높아졌다. 그 대상 역시 양명학, 경학, 실학 등 다양한 분야로 확대되었으며, 불교계 안에서도 한국불교의 흐름을 다시 조명하기 시작하였다. 1980년대 이후로는 안으로 민주화 운동이 일어나고 밖으로 개혁 개방의 시대를 맞이하여, 중국의 동양 철학 연구 성과들이 국내로 소개되면서 보다 객관적인 연구가 시작되었다. 이때에는 국제학술교류도 활발해져 퇴계의 사상이 국제적인 차원에서 연구되었고, 율곡의 학문이 해외에 소개되기도 하였다.

1990년대에는 한국철학 및 중국철학을 전공한 박사들이 대량으로 쏟아지면서 연구 성과의 질에 대한 반성도 대두되기 시작하였다. 불교계에서도 불교의 인문학적 기반이 약하고 사회적 쟁점에 대해 다소 무관심하지 않았느냐는 등의 반성이 일어났다.


## 기독교의 정착과 민주주의

해방 이후 한국에서 가장 호응을 얻은 종교는 기독교였다. 초기 기독교는 한국에서 의료, 교육, 여성운동 등 여러 분야의 개혁 계몽운동을 전개함으로써 민중으로부터 환영을 받았다.

이때 기독교를 주체적으로 수용하기 위해 노력한 사람들이 유영모(柳永模), 함석헌(咸錫憲) 같은 인물이다. 이들은 기독교를 동양 사상의 틀에 접목시키고 몸소 실천했다. 특히 함석헌은 스승 유영모의 영향을 받아 주체적인 '씨알 사상'을 전개했는데, 그의 사상은 하늘과 인간의 합일, 홍익인간, 인내천과 같은 인본 사상에 뿌리를 둔 것이었다. 함석헌은 이러한 터전 위에서 인간에 닥치는 고난도 그를 완성하여 자유에 이르게 하는 '창조적 수고'라고 보았으며, 장차 올 하느님의 나라 역시 창조적 수고자들에 의해서만 도래하는 것이기 때문에 조선 민족은 이를 극복하고 평화의 주인이 되어야 한다고 역설하였다.

이러한 역사관은 민중 사관과 연결됨으로써 '민중이 고난을 통해 정의와 평화를 이루는 풀뿌리 민주주의의 주인이 되어야 한다.'라는 논리로 연결되었다.

1) 연(燕), 제(齊), 한(韓), 위(魏), 조(趙), 초(楚), 진(秦)나라의 7대 제후를 가리킨다.

2) 유수에 의해 낙양에 도읍한 나라를 후한(後漢)이라 부르며, 이와 대비하기 위해 유방의 한나라는 전한(前漢)이라 일컫는다.

3) 오경은 유교의 다섯 경전을 말하며, 박사는 태학의 교관격인 관직을 가리킨다.

4) 이상을 한자로 쓰면 다음과 같다. 惻隱之心(측은지심)은 仁의 端이요, 羞惡之心(수오지심)은 義의 端이요, 辭讓之心(사양지심)은 禮의 端이요, 是非之心(시비지심)은 智의 端이라.

5) 鳧脛雖短 續之則憂 鶴脛雖長 斷之則悲:부경수단 속지즉우 학경수장 단지즉비

6) 天地雖大 以無爲心:천지수대 이무위심

7) 나라에 대한 불평불만이나 유언비어를 만들어내지 못하도록 하기 위함이었던 것 같다.

8) 한비자가 쓴 책의 제목. 그 뜻은 '유세로 인해 당하게 되는 어려움', 다시 말하면 '임금에게 잘못 아뢰어 화를 당하게 됨'을 의미한다.

9) 어떠한 것도 진리라 말할 수 없는 상태에서 그저 말을 잊은 채 침묵을 지킬 수밖에 없다는 뜻.

10) 소승에서 대승에 이르는 얕고 깊은 차례를 거치지 않고, 처음부터 바로 대승의 깊고 묘한 교리를 듣고 단번에 깨달음.

11) 마음에서 마음으로 전하는 일. 즉 이심전심(以心傳心)을 일컬을 때 쓴다.

12) 가사(袈裟, 왼쪽 어깨에서 오른쪽 겨드랑이 밑으로 걸치는 네모로 된 긴 천)와 바릿대(밥그릇)로, 달마대사가 제자에게 두 가지 물건을 전한 고사에서 전법을 받는다는 뜻으로 쓰임.

13) 소강절의 우주관으로 『주역』에 그 기초를 두고 있으며, 도학(圖學)과 수학(數學)을 합한 것이다.

14) 농민에게 낮은 이자로 돈을 빌려주는 나라의 금융정책으로, 대지주의 고리대금업으로부터 가난한 농민을 구제하는 한편, 적정한 가격으로 나라에서 필요로 하는 물자를 구입한다는 명분으로 왕안석이

만듦. 그러나 반대파의 저항 역시 만만치 않아 결국 실패로 돌아갔다.

15) 부자유친(父子有親) : 아버지와 아들 사이에는 친근함이 있어야 한다. 군신유의(君臣有義) : 임금과 신하 사이에는 의로움이 있어야 한다. 부부유별(夫婦有別) : 남편과 아내 사이에는 서로 구별이 있어야 한다. 장유유서(長幼有序) : 어른과 아이 사이에는 순서가 있어야 한다. 붕우유신(朋友有信) : 친구 사이에는 서로 믿음이 있어야 한다.

16) 서쪽의 펀자브 지방에서부터 동쪽의 벵골 지방에 이르기까지 광활한 평야지대에 인구가 집중되었다.

17) '우주와 개인은 동일한 것이다.'라는 뜻. 여기에서 범(梵)은 우주로, 아(我)는 개인으로 이해하면 될 것 같다.

18) 살아 있는 것에 대한 죽임, 즉 살생을 금지한다는 의미. 육식을 금하며, 전쟁을 반대한다. 채식주의, 또는 소의 도살을 금지한다.

19) 석가는 철학, 미술, 공예, 건축, 역산, 음악, 의학, 논리 등을 배웠고, 그밖에 64종의 문예와 29종의 무예를 익혔던 것으로 알려졌다.

20) 무소유처는 아무 것도 갖지 않는 무소유에 처한다는 뜻이며, 비상비비상처는 생각함에 처하지도, 그렇다고 생각하지 않음에 처하지도 않는다는 뜻이다.

21) 비구란 다섯 종류의 출가승 가운데 하나로서 250계를 받은 남자 스님을, 비구니란 348계를 받은 여자 스님을 지칭한다. 또한 우파새란 재가승(在家僧) 가운데 남자 신도를, 우파니란 여자 신도를 가리킨다.

22) 다섯 가지 더러움이 가득한 더러운 세상이란 뜻으로, 명탁(命濁, 사람의 목숨이 짧아서 100년을 채우기 어려움), 중생탁(衆生濁, 중생의 죄악이 많아서 올바른 도리를 알지 못하는 일), 번뇌탁(煩惱濁, 사랑과 욕망을 탐하여 마음을 괴롭히고 여러 가지의 죄를 범함), 견탁(見濁, 말세에 이르러 나쁜 견해, 나쁜 교법이 끊임없이 일어나는 일), 겁탁(劫濁, 기근과 질병과 전쟁이 연달아 일어나는 일)을 말한다.

23) 怨憎會苦 愛別離苦 求不得苦 五陰盛苦

24) 부파란 석가모니가 입멸한 후 100년 무렵, 원시불교가 분열을 거듭하여 20여 개의 교단으로 갈라진 시대의 불교를 통칭하는 말이다. 소승(小乘) 불교란 오직 나의 해탈만을 위해 수행할 뿐, 이웃의 해탈이

나 사회에의 봉사는 하지 못하는 불자를 말한다.

25) 소승과는 달리, 나의 해탈뿐만 아니라 이웃의 해탈에도 도움을 주고, 나를 위하면서 또한 남도 위하는 불자를 말한다.

26) 우리나라로 말하면 음력 4월 15일부터 7월 15일까지 3개월 동안 여름안거가 이루어졌고, 겨울안거는 10월 15일부터 1월 15일까지 역시 3개월 동안 시행되었다. 3개월은 모두 90일에 해당하기 때문에, 이를 9순 안거라 부르기도 한다.

27) 부처는 마하가섭에게 세 곳에서 법을 전했다고 알려져 있다. 첫째는 다자탑 앞에서 자리를 나누어 앉은 일, 둘째는 영산에서 꽃을 들어 보인 일, 셋째는 사라쌍수간(부처가 입멸할 때, 침대의 사방에 두 그루의 사라수가 있었으므로 이러한 이름이 붙었음.)에서 두 다리를 쭉 뻗어 보인 일 등이다.

28) 절에서 보통 상좌라 함은 주지(住持)나 선사(禪師), 원로들이 앉는 자리를 일컫는다.

29) 북쪽과 남쪽에서 각기 달리 전한다. 북쪽에서는 불타가 입멸한 후 116년에 학승 대천(大天)이 5개 항목의 새 주장을 내세워 정통파에 반대한 자유주의의 제1파를 일컫는다고 한다. 남쪽의 전언에 의하면, 불타가 입멸한 후 100여 년 무렵에 비사리의 발기(경문을 먼저 읽어 낭독하는 사람) 비구가 10개 항목의 주장을 내세워 지금까지 지켜왔던 율법을 깨뜨렸으므로 장로 야사가 사방의 학승들을 모아 그 열 가지의 옳고 그름을 평론하여 이때 옳다고 한 자유 관용파를 일컫는다고 한다.

30) 페르시아가 멸망한 후 나라는 그리스인들이 지배자로 군림한 박트리아와 페르시아인(이란인)들이 지배자로 군림한 파르티아로 나누어졌다. 처음에는 박트리아가 강했으나 나중에는 파르티아가 급속히 성장했다.

31) '덕을 쌓는 일이 날마다 새로워 사방 천지를 아우른다(德業日新 網羅四方).'라는 뜻. 여기에서 '신라'라는 이름이 유래했다.

32) 원광법사가 화랑인 귀산과 추항에게 전수한 것이다. 문자 그대로 '세속에 알맞은 계율'로 불교에서의 계율과는 조금 다르며, 내용은 다음과 같다. 임금에게는 충성으로써 섬긴다(事君以忠), 부모님에게는 효도로써 섬긴다(事親以孝), 친구에게는 믿음으로써 섬긴다(交友以信), 싸움에 임해서는 물러서지 않는다(臨戰無退), 살아있는 것을 죽일 때에는 반드시 선택을 한다(殺生有擇).

211

33) 농민들에게 국가의 토지를 나누어 주는 대신 매매하지 못하게 하는 토지제도로 양반의 토지 수탈과 농민의 토지 헐값매매를 방지하려는 제도였다.

34) '서양의 침략에 맞서 아시아 국가들이 일본을 중심으로 뭉쳐야 한다.'라는 주장에 근거한 체제.

# 참고문헌

강성률, 『2500년간의 고독과 자유』, 형설출판사, 2005.

_____, 『철학의 세계』, 형설출판사, 2006.

_____, 『청소년을 위한 동양철학사』, 평단문화사, 2009.

_____, 『한 권으로 읽는 동양철학사 산책』, 평단문화사, 2009.

_____, 『철학 스캔들』, 평단문화사, 2010.

김경묵, 우종익, 『이야기 세계사. 1: 고대 오리엔트에서 중세까지』, 청아출
　　판사, 1997.

김길환, 『동양윤리사상』, 일지사, 1990.

김영수, 『제자백가』, 일신서적, 1994.

박일봉, 『노자 도덕경』, 육문사, 2006.

석인해, 『장자』, 일신서적, 1991.

신옥희, 『원효의 생애와 사상』, 한가람 창간호, 연도???

신일철 외, 『한국의 사상가 12인』, 현암사, 1976.

안동림 옮김, 『장자』, 현암사, 1998.

안광복, 『청소년을 위한 철학자 이야기』, 신원문화사, 2002.

안병욱, 『사색인의 향연』, 삼중당, 1984.

영남철학회, 『위대한 철학자들』, 미문출판사, 1984.

우경윤, 『청소년을 위한 세계사, 동양편 : 고대에서 현대까지』, 두리미디
　　어, 2007.

이영재, 『재미있는 중국철학 이야기』, 박우사, 1993.

임어당, 『공자의 사상』, 현암사, 1990.

장기균, 송하경·오종일 옮김, 『중국철학사』, 일지사, 1989.

장유고, 고재욱 옮김, 『중국근대철학사』, 서광사, 1989.

정병조, 『인도철학사상사』, 경서원, 1977.

정진일, 『위대한 철인들』, 양영각, 1984.

藤堂恭俊 외, 차차석 옮김, 『중국불교사』, 대원정사, 1992.

하일식, 『연표와 사진으로 보는 한국사』, 일빛, 1999.

한국공자학회, 『공자사상과 현대』, 사사연, 1986.

한국철학회 편, 『한국철학사』, 동명사, 1989.
허용선, 『불가사의한 세계 문화유산의 비밀』, 예림당, 2005.
현상윤, 『조선유학사』, 민중서관, 2000.

# 이야기 동양철학사

| 펴낸날 | 초판 1쇄  2014년  2월  20일 |
| | 초판 3쇄  2019년  7월   4일 |

| 지은이 | 강성률 |
| 펴낸이 | 심만수 |
| 펴낸곳 | (주)살림출판사 |
| 출판등록 | 1989년 11월 1일 제9-210호 |

| 주소 | 경기도 파주시 광인사길 30 |
| 전화 | 031-955-1350   팩스  031-624-1356 |
| 홈페이지 | http://www.sallimbooks.com |
| 이메일 | book@sallimbooks.com |

| ISBN | 978-89-522-2824-6  04080 |
| | 978-89-522-0096-9  04080(세트) |

※ 값은 뒤표지에 있습니다.
※ 잘못 만들어진 책은 구입하신 서점에서 바꾸어 드립니다.

이 도서의 국립중앙도서관 출판시도서목록(CIP)은 서지정보유통지원시스템 홈페이지
(http://seoji.nl.go.kr)와 국가자료공동목록시스템(http://www.nl.go.kr/kolisnet)에서
이용하실 수 있습니다.(CIP제어번호: CIP2014003997)

## 026 미셸 푸코    eBook

양운덕(고려대 철학연구소 연구교수)

더 이상 우리에게 낯설지 않지만, 그렇다고 손쉽게 다가가기엔 부담스러운 푸코라는 철학자를 '권력'이라는 열쇠를 가지고 우리에게 열어 보여 주는 책. 권력은 어떻게 작용하는가에서 논의를 시작하여 관계망 속에서의 권력과 창조적·생산적·긍정적인 힘으로서의 권력을 이야기해 준다.

## 027 포스트모더니즘에 대한 성찰    eBook

신승환(가톨릭대 철학과 교수)

포스트모더니즘의 역사와 논의를 차분히 성찰하고, 더 나아가 서구의 근대를 수용하고 변용시킨 우리의 탈근대가 어떠한 맥락에서 이해되는지를 밝힌 책. 저자는 오늘날 포스트모더니즘으로 대변되는 탈근대적 문화와 철학운동은 보편주의와 중심주의, 전체주의와 이성 중심주의에 대한 거부이며, 지금은 이 유행성의 뿌리를 성찰해 볼 때라고 주장한다.

## 202 프로이트와 종교    eBook

권수영(연세대 기독상담센터 소장)

프로이트는 20세기를 대표할 만한 사상가이지만, 여전히 적지 않은 논란과 의심의 눈초리를 받고 있다. 게다가 신에 대한 믿음을 빼앗아버렸다며 종교인들은 프로이트를 용서하지 않을 기세이다. 기독교 신학자인 저자는 이 책을 통해 종교인들에게 프로이트가 여전히 유효하며, 그를 통하여 신앙이 더 건강해질 수 있다는 점을 보여 주려 한다.

## 427 시대의 지성 노암 촘스키    eBook

임기대(배재대 연구교수)

저자는 노암 촘스키를 평가함에 있어 언어학자와 진보 지식인 중 어느 한 쪽의 면모만을 따로 떼어 이야기하는 것은 불합리하다고 말한다. 이 책에서는 촘스키의 가장 핵심적인 언어이론과 그의 정치비평 중 주목할 만한 대목들이 함께 논의된다. 저자는 촘스키 이론과 사상의 본질에 다가가기 위한 이러한 시도가 나아가 서구 사상을 받아들이는 우리의 자세와도 연결된다고 믿고 있다.

## 024 이 땅에서 우리말로 철학하기

이기상(한국외대 철학과 교수)

우리말을 가지고 우리의 사유를 펼치고 있는 이기상 교수의 새로운 사유 제안서. 일상과 학문, 실천과 이론이 분리되어 있는 '궁핍의 시대'에 사는 우리에게 생활세계를 서양학문의 식민지화로부터 해방시키고, 서양이론의 중독으로부터 벗어나야 한다고 역설한다. 저자는 인간 중심에서 생명 중심으로의 변환과 관계론적인 세계관을 담고 있는 '사이 존재'를 제안한다.

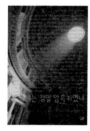

## 025 중세는 정말 암흑기였나    eBook

이경재(백석대 기독교철학과 교수)

중세에 대한 친절한 입문서. 신과 인간에 대한 중세인의 의식을 다루고 있는 이 책은 어떻게 중세가 암흑시대라는 일반적인 인식을 가지게 되었는지에 대한 물음을 추적한다. 중세는 비합리적인 세계인가, 중세인의 신앙과 이성은 어떠한 관계를 갖고 있는가 등에 대한 논의를 하고 있다.

## 065 중국적 사유의 원형    eBook

박정근(한국외대 철학과 교수)

중국 사상의 두 뿌리인 『주역』과 『중용』을 철학적 관점에서 접근한다. '산다는 것은 무엇인가?'라는 근원적 질문으로부터 자생한 큰 흐름이 유가와 도가인데, 이 두 사유의 흐름을 거슬러 올라가다 보면 그 둘이 하나로 합쳐지는 원류를 만나게 된다. 저자는 『주역』과 『중용』에 담겨 있는 지혜야말로 중국인의 사유세계를 지배하는 원류라고 말한다.

## 076 피에르 부르디외와 한국사회    eBook

홍성민(동아대 정치외교학과 교수)

부르디외의 삶과 저작들을 통해 그의 사상을 쉽게 소개해 주고 이를 통해 한국사회의 변화를 호소하는 책. 저자는 부르디외가 인간의 행동이 엄격한 합리성과 계산을 근거로 행해지기보다는 일정한 기억과 습관, 그리고 사회적 전통에 영향을 받는다는 사실로부터 시작한다는 점을 강조한다.

## 096 철학으로 보는 문화　　eBook

신응철(숭실대 인문과학연구소 연구교수)

문화와 문화철학 연구에 관심 있는 사람을 위한 길라잡이로 구상된 책. 비교적 최근에 분과학문으로 등장하기 시작한 문화철학의 논의에 반드시 들어가야 할 요소를 선택하여 제시하고, 그 핵심 내용을 제공한다. 칸트, 카시러, 반 퍼슨, 에드워드 홀, 에드워드 사이드, 새무얼 헌팅턴, 수전 손택 등의 철학자들의 문화론이 소개된다.

## 097 장 폴 사르트르　　eBook

변광배(프랑스인문학연구모임 '시지프' 대표)

'타자'는 현대 사상에 있어 가장 중요한 개념 중 하나이다. 근대가 '자아'에 주목했다면 현대, 즉 탈근대는 '자아'의 소멸 혹은 자아의 허구성을 발견함으로써 오히려 '타자'에 관심을 갖게 되었다. 그리고 타자이론의 중심에는 사르트르가 있다. 사르트르의 시선과 타자론을 중점적으로 소개한 책.

## 135 주역과 운명　　eBook

심의용(숭실대 강사)

주역에 대한 해설을 통해 사람들의 우환과 근심, 삶과 운명에 대한 우리의 자세를 말해 주는 책. 저자는 난해한 철학적 분석이나 독해의 문제로 우리를 데리고 가는 것이 아니라 공자, 백이, 안연, 자로, 한신 등 중국의 여러 사상가들의 사례를 통해 우리네 삶을 반추하는 방식을 취한다.

## 450 희망이 된 인문학　　eBook

김호연(한양대 기초 · 융합교육원 교수)

삶 속에서 배우는 앎이야말로 인간의 운명을 바꿀 수 있는 기회를 준다. 그래서 삶이 곧 앎이고, 앎이 곧 삶이 되는 공부를 하는 것이 무엇보다 중요하다. 저자는 인문학이야말로 앎과 삶이 결합된 공부를 도울 수 있고, 모든 이들이 이 공부를 할 수 있어야 한다고 믿는다. 특히 '관계와 소통'에 초점을 맞춘 인문학의 실용적 가치, '인문학교'를 통한 실제 실천사례가 눈길을 끈다.

eBook 표시가 되어있는 도서는 전자책으로 구매가 가능합니다.

(주)살림출판사
www.sallimbooks.com
주소 경기도 파주시 문발동 522-1 | 전화 031-955-1350 | 팩스 031-955-1355